基于实用视角的
现代汉语语法研究

潘婷玉 / 著

吉林出版集团股份有限公司
全国百佳图书出版单位

图书在版编目（CIP）数据

基于实用视角的现代汉语语法研究 / 潘婷玉著. --长春：吉林出版集团股份有限公司，2022.9
ISBN 978-7-5731-2189-9

Ⅰ.①基… Ⅱ.①潘… Ⅲ.①汉语－语法－研究 Ⅳ.①H14

中国版本图书馆CIP数据核字（2022）第168321号

JIYU SHIYONG SHIJIAO DE XIANDAI HANYU YUFA YANJIU
基于实用视角的现代汉语语法研究

著　　者	潘婷玉
责任编辑	杨　爽
装帧设计	马静静

出　　版	吉林出版集团股份有限公司
发　　行	吉林出版集团社科图书有限公司
地　　址	吉林省长春市南关区福祉大路5788号　邮编：130118
印　　刷	北京亚吉飞数码科技有限公司
电　　话	0431-81629711（总编办）
抖 音 号	吉林出版集团社科图书有限公司　37009026326

开　　本	710 mm×1000 mm　1 / 16
印　　张	14.5
字　　数	230千
版　　次	2023年4月第1版
印　　次	2023年4月第1次印刷

书　　号	ISBN 978-7-5731-2189-9
定　　价	86.00元

如有印装质量问题，请与市场营销中心联系调换。0431-81629729

前言 /PREFACE

现代汉语语法是一门年轻的学科,1898年《马氏文通》的出版开启了汉语语法研究的先河。在此后一个多世纪的发展中,现代汉语语法研究走过了一个从机械借鉴到基于借鉴和对比进行理论创新的过程,这是一个不断探索、不断前进的过程。在这一过程中,许多学者为汉语语法研究鞠躬尽瘁,呕心奋斗,为我们呈现了大量的著作,也留下了很多有待解决的课题。

现代汉语语法与每个人息息相关,语法现象就存在于我们的日常生活中,我们认识、反映客观世界都要借助语言这一工具,如果对语法了解不足,不仅会影响语言表达的准确性,还会妨碍相关学科前进的步伐。基于此,特撰写本书,以期为新的时代背景下现代汉语语法做出有益探索。

本书共六章。第一章为现代汉语语法概述,主要内容包括语法与语法学、现代汉语语法的性质与特点、现代汉语语法单位。第二章至第六章从实用视角出发,分别对现代汉语词类、现代汉语短语、现代汉语单句、现代汉语复句以及现代汉语句群进行了探索。

总体来说,本书具有以下几个特点:

第一,实用性强。本书尽可能运用简洁、易懂的语言,对现代汉语的相关知识进行深入浅出的阐释,而且在阐释过程中配有相应的例子进行具体分析,有助于读者更容易地理解、更准确地运用现代汉语语法中的相关知识。

第二,体系完整。本书章与章、节与节之间有机联系,一环扣一环,从而在内容上形成了较为完整的理论体系,有助于读者从整体上把握现代汉语语法的基础知识。

第三,规范性强。本书在论述过程中力求逻辑清晰、脉络分明、阐述充分、语言准确规范,以确保本书的学术性和准确性。

本书在写作过程中参阅了许多相关的著作、论文,吸取了诸多有益的成果、见解,在此向相关专家学者致以诚挚的谢意。由于作者水平有限,书中疏漏之处在所难免,敬请同行专家、学者和广大读者批评指正。

作　者
2022 年 5 月

目录/CONTENTS

第一章　现代汉语语法概述 / 1

　　第一节　语法与语法学 / 2
　　第二节　现代汉语语法的性质与特点 / 4
　　第三节　现代汉语语法单位 / 11

第二章　实用视角下的现代汉语词类研究 / 25

　　第一节　词类概述 / 26
　　第二节　现代汉语中的各类实词研究 / 28
　　第三节　现代汉语中的各类虚词研究 / 79

第三章　实用视角下的现代汉语短语研究 / 97

　　第一节　短语概述 / 98
　　第二节　现代汉语短语的结构类型分析 / 103
　　第三节　现代汉语中的短语辨析研究 / 134

第四章　实用视角下的现代汉语单句研究 / 141

　　第一节　单句概述 / 142
　　第二节　现代汉语单句的一般句式研究 / 151
　　第三节　现代汉语单句的特殊句式研究 / 164

第五章　实用视角下的现代汉语复句研究 / 177

　　第一节　复句概述 / 178
　　第二节　现代汉语复句的类型分析 / 189

第三节 多重复句与紧缩复句研究 / 198

第六章 实用视角下的现代汉语句群研究 / 203

第一节 句群概述 / 204
第二节 现代汉语句群的类型分析 / 204
第三节 现代汉语句群的组合方式与训练方式研究 / 208

参考文献 / 221

第一章

现代汉语语法概述

语音、词汇、语法,共同构成了语言这座稳固的大厦。其中,语音是语言的物质外壳,词汇是语言的建筑材料,语法是语言的构造规则,三者缺一不可。因此,对语法进行研究具有重要意义。

第一节 语法与语法学

一、语法层面的基本概念

（一）语法与语法学

概括而言，语法是以语素、词、词组、句子等为代表的语言材料构成合理的、能用于交际的语言结构的规则。简言之，语法是组词造句的规则。

每一种语言都存在语法，正是这些组词造句的规则使语言的使用有章可循。语法学就是研究语法的科学。研究语法的专家学者根据自身的知识以及对客观语法规律的认识总结出的语法理论或语法体系层出不穷，由于不同语法研究者的认识有差异，其总结出的语法规律也不尽相同。

需要特别注意的是，有时人们也将学者总结出的语法理论、语法体系或者语法学直接称作"语法"，如有人说："我不学语法，不也能写出文章吗？"这句话中的语法就是指学者总结出的语法理论或者语法学。尽管不学习系统科学的语法理论或者语法学也有可能写出文章，但是如果写作者不了解遣词造句的规律，写出来的内容就会非常不流畅，更谈不上有文采，又怎能称为好文章呢？以汉语为例，虽然有部分人表面上没有学习过"语法"（语法学），也能写出不错的文章，但实际上究其根本，人从出生就开始学习语言，在与他人交流的过程中懂得怎样合理使用语素、词、句子等语言材料，这一过程是潜移默化的。

（二）语法手段与语法意义

语法手段就是指组词造句的手段。重叠、语序、虚词等都属于现代汉语中非常常见的语法手段。

语法意义是指语素、词、词组、句子等语言材料除了其本身在语言

结构中所具有词汇意义之外,还具有的结构功能意义及相对关系意义。例如:

①人　人人　每人
②我拍拍他　他拍拍我

例①中,"人"是其本身所具有的词汇意义,"每"是其语法意义。例②中,"我"的词汇意义没有变,但语序的不同赋予了"我"不同的语法意义:前一个"我"是主语,表施事;后一个"我"是宾语,表受事。

二、现代语法学简介

(一)传统语法

当前,学校中使用的语法理论普遍源于拉丁语法,又称"传统语法"。传统语法可分为词法和句法两部分,分别对构词规则和造句规则进行说明。传统语法通常将侧重点放在词类和句法成分的对应关系上,如在讲授语法时有"动词的主要语法功能是充当谓语"这样的论述。[①] 在对整个句子进行分析时,传统语法注重从整体上把握,将各种句法成分逐一进行分析。

(二)结构主义语法

对现代汉语语法学影响较大的还有结构主义语法。结构主义语法的经典著作是美国布龙菲尔德的《语言论》。结构主义语法将重点放在语言形式上,在对语法结构进行分析时,侧重分析结构成分包含的层次以及直接成分之间的结构关系。

(三)转换生成语法

美国的乔姆斯基建立了转换生成语法。乔姆斯基认为,应该将说话人具有的语言能力作为语言学研究的对象。这种语言能力主要表现在:(1)能造出和理解数量无限的句子,包括从来没有看到过的句子;(2)能辨别哪些句子是正确的、合乎语法规则的,哪些句子是有误的、

---

① 张觉、李琳:《现代汉语实用教程》华东理工大学出版社,2011,第52页。

违背语法规则的;(3)能正确分析句子的结构;(4)能发现歧义现象;(5)能够辨别同义或释义现象。

三、学习语法学的意义

在日常生活中,常常听到有人说语法无用。他们觉得,说话和写文章都是自然而然的事情,何必去复杂地考虑什么语法知识,从语法学角度进行深挖就更没有必要了,这颇有咬文嚼字之嫌。另外,假使说话或者写文章的时候对语法和语法学进行过多思索,思路就会被打断,无法正常地进行语言交流和文章写作。确实,一个人如果使用母语进行交流或者写作,没有必要时刻考虑语法问题,但这并不意味着语法知识没有用。当交流或者写作遇到问题时,不知如何遣词造句、更好地表述时,语法知识就显得尤为重要。因此,根据需要,适当地掌握一些语法知识,能够对人们的语言实践进行指导,从而避免语言运用中的语法错误。

第二节 现代汉语语法的性质与特点

一、现代汉语语法的性质

(一)概括性

语法首先具有概括性。例如,从"善良""乐观""明亮"等词所体现的功能出发,可以将这类词概括为"形容词";从"小丽善良""小明乐观""教室明亮"等词组(短语)所体现的语法结构出发,可以将这类词组(短语)概括为"主+谓"……不难发现,语法的概括性是指语法规则是从大量的具体个别的语言事实中抽象概括出来的。人们可以使用的词、短语、句子是无尽的,但是从中概括出来的语言规则都是可罗列的。因此,使用者可以以这些有限的语法规则为依据,通过不同词、短语的组合生成无限多的句子。

从语法规则的概括角度出发,语言单位主要有两方面的关系,即组合关系和聚合关系。

组合关系指语言单位按照线性序列排列起来所形成的关系。例如,在"农民们非常开心"中,"农民"和"们"、"非常"和"开心"、"农民们"和"非常开心"都是组合关系。通过以上关系,词的类别以及词语的结构关系就非常明显了。例如:

①烧(了、着、过)　　洗(了、着、过)　　吃(了、着、过)
烧火　　　　　　　洗衣服　　　　　　吃东西
不烧　　　　　　　不洗　　　　　　　不吃
②喊醒　　　　　　　染黑　　　　　　　哭肿

例①中,"烧、洗、吃"都可以带"了、着、过",可带宾语,可用否定副词修饰,因此可以把这类词总结概括为一个词类,即动词。例②中,"喊醒""染黑""哭肿"等都为后一成分对前一成分的补充说明,所以这类词组的语法规则为"述+补"。

聚合关系是指语言结构中的成分具有相同语法功能且能够相互替换。例如:

①妈妈上班　爷爷上班　爸爸上班
②奶奶洗菜　奶奶洗碗　奶奶洗头

例中加点的成分"妈妈、爷爷、爸爸""菜、碗、头"能相互替换,所以它们构成聚合关系;而"上班""洗菜、洗碗、洗头"也分别处于相同的句法功能位置,能互相替换,构成了句法格式类的聚合。

对语法的组合关系和聚合关系进行学习,不但能够使学习者了解语言单位的类及结构模式是通过怎样的规则概括出来的,还能够使学习者深刻地了解到具体采用何种方法研究语法以及研究语法的目的是什么,也就是通过组合和聚合关系来对语言单位的性质及其之间的关系进行揭示,更直白地突出语言结构的内部规律。

(二)递归性

递归性指将有限的语法规则不断反复使用,进行同功能单位替换,从而使句法结构变得复杂。例如:

①仔细擦→一扇一扇地仔细擦→用抹布一扇一扇地仔细

擦→在阳台上用抹布一扇一扇地仔细擦→前天在阳台上用抹布一扇一扇地仔细擦

②我知道你的事→他知道我知道你的事→他妈妈知道他知道我知道你的事

例①是动词前加状语构成状中式偏正结构"仔细擦",接着再以"仔细擦"为中心语,前加"一扇一扇"构成更为复杂的"一扇一扇地仔细擦",如此连续扩展为"用抹布""在阳台上用抹布""前天在阳台上用抹布",形成一个不断复杂化的套叠的偏正结构。例②是宾语成分的连续扩展,构成的是一个宾语成分不断套叠的复杂动宾结构。理想状态下,为了满足表达需要,这种递归法则可以无限使用下去,从而使一个简单结构通过连续扩展而成为一个复杂的套叠结构。但在实际应用中,由于受到人们记忆、理解的限制,如例②,再扩展下去会使得信息接收者产生混乱的感觉,因此这种替换扩展是有限的。

(三)层次性

层次性指语言单位的组合不是处于同一平面的线性排列,而是组合内部有层次性、有套叠现象,各组合呈现出先后、主次、松紧之分。假如说一个句法结构仅仅包含两个词,那可想而知,这个句子的构造自然很简单。假如说一个句法结构中包含两个以上的词,比如三个词,那么所形成的句子其内部构造就有多种情况。例如:

1 妈妈不休息
2 养乌龟好
3 善良美丽大方

上述三个句法结构中都包含三个词,但是其内部层次构造很不一样。

因此,从表面看一个句法结构是词的线性序列,其实一个复杂句法结构里词与词之间结合的松紧程度是不一样的,词和词的组合是有着层次的。各个组成成分按照既定的语法规则一层一层进行组合,这种构造特征就称为层次性。

(四)民族性

任何一种语法都是成体系的,是由组合关系及聚合关系构成的规则系统,呈现为有条理的整体,这些体系无一例外都具有民族性。何谓民族性？各民族的语法虽然有相通性,但也更鲜明地有属于自己民族的个性特征。例如,语序在汉语中十分重要,对于相同的词,其语序不同,表达的意思也不同。如"要什么,有什么""有什么,要什么",前者表现为富有,后者表现为贪婪。

(五)系统性

语法本身就是一个系统,系统成分之间既相互联系又相互制约,表现出层级性。语法是一个严密的、立体的、开放的系统网络。语法严密,是指语法系统内部相互制约,受到一定规则的指引；语法立体,是指语法系统包括语法结构、语法意义、语言运用这三个交叉的不同平面；语法开放,是指语法系统是随着时代发展和研究深入而不断发展变化的,旧有的东西不断舍弃,新的因素逐渐添加,整个系统处在不断发展完善中。

语法系统内部又有许多个子系统,如语素系统、词类系统、短语系统、句子系统等,而这些子系统内部又有许多子系统,如句子系统内部有单句系统、复句系统等,这些大大小小的系统共同构成语法系统这个整体。

(六)稳固性

随着时代和社会的发展,语言也处在不断发展中。以汉语为例,虽然语音、词汇等处在发展变化中,但语法的变化十分缓慢,甚至历经几千年而不改。例如：

① 我 ‖ 逐 | 豕。(《殷契粹编》)
② 晋 ‖ 灭 | 虢。(《左传·僖公五年》)

上述两例分别出自我国古代不同历史时期的文学作品,其内容不同,但句子结构是一样的,即"主语—述语—宾语"。几千年后的今天,这种句式结构仍然常见,人们的日常用语中少不了这种句式,因此可以说,汉语语法具有稳固性。

二、现代汉语语法的主要特点

（一）汉语的词类和句子成分不存在简单的一一对应的关系

在印欧语系里,词类和句子成分呈现出简单的一一对应关系。即名词—主宾语,动词—谓语,形容词—定语,副词—状语。但是在汉语中,这样简单的对应关系并不成立,它们之间的关系通常是错综复杂的。

如在印欧语系中,动词作谓语必须是限定式动词,而假如动词作主宾语,则需要变化为不定式或动名词。在汉语中,动词无论是作何种句子成分,其形式不变。例如：

① He plays football.（他踢足球。）
② To play football is interesting.（踢足球很有趣。）
③ Playing football is interesting.（踢足球很有趣。）

《暂拟系统》认为,倘若动词被置于主宾语的位置,其实其已被转化为名词,称之"名物化"。朱德熙在《语法答问》中提出以下观点：

（1）汉语的动词和形容词既能作谓语,也能作主宾语。用作主宾语时,动词和形容词的词性并未改变,这是汉语和印欧语很大的不同。

（2）汉语中的名词在作主宾语或者定语时形式无须改变。需要特别说明的是,汉语中名词修饰名词非常自由。例如,"我国西北各省农作物产量概况"。

（3）汉语中的状语不限定为副词、形容词,漂漂亮亮的、大大方方的、明明白白的等状态形容词也常常用作状语。但需要特别说明的是,汉语的词类虽然可以出现在多种句子成分中,但要分清主要、次要和偶然的功能。也就是说,各词类的功能并不是平等的,需要视频度而定。就名词而言,其主要作用是充当主语和宾语,也可用作定语,在条件限制下能用作状语或谓语,但绝不能作为补语使用。例如：

①数学知识。（名词作定语）
②后天劳动节。
下一站阜成门。（单名词作谓语）
③她鹅蛋脸。

姚明中国人。(名词短语作谓语)
④物转星移。
风驰电掣。(名词作状语)

(二)语序变化是一种重要的语法手段

语序的变化就语法结构的性质以及语法意义的鉴别而言具有非常重要的意义。如"名词+动词/形容词"通常构成主谓结构,如果变化语序,那么"动词+名词"构成述宾结构,"形容词+名词"则构成了偏正结构。

例如,"柳绿"和"绿柳",语序不同,结构关系不同,所表示的意思也不同;"事半功倍"和"事倍功半"、"屡败屡战"和"屡战屡败",语序不同,所表示的意思有非常大的区别。因此,学界的研究者认为,语序是汉语语法的重要特点之一。然而,朱德熙却提出:"这种说法非常含糊。说汉语的词序特别重要,似乎暗示印欧语里的词序不那么重要。实际情况恐怕不是这样,拿英语来说,词在句子里的位置相当稳定,倒是汉语的词序显得有一定的灵活性。"例如:

① 我不吃螃蟹　　螃蟹我(可)不吃　　我螃蟹不吃(吃龙虾)
② 借给他一支笔　借一支笔给他
③ 他住在乡下　　他在乡下住
④ 你吹着风没有　风吹着你没有
⑤ 火腿夹烧饼　　烧饼夹火腿

(三)虚词的使用是一种重要的语法手段

在汉语中,虚词是否出现、虚词出现位置的不同、虚词具体使用的不同等情况都可能使句法结构不同。邵敬敏在《现代汉语通论》中指出,虚词的使用对语法结构和语法意义的作用大体上表现为:(1)对于某些语法结构而言,虚词的存在与否直接改变该语法结构的内部关系或者语义。例如,"爷爷奶奶—爷爷的奶奶""修理玩具—修理的玩具"。(2)对于某些语法结构而言,添加了虚词之后虽然语法结构关系没变,但语义发生了极大的改变。例如,"德国朋友—德国的朋友"。(3)对于某些语法结构而言,加不加虚词,对语法结构的内部关系和语法意义都没有显著的影响。但倘若细细揣摩,则会发现其中仍然有些细微的语用意义上的差异。例如,"中国瓷器—中国的瓷器"有属领和领属的区别。由此可以推论,虚词的不同会造成句法、语义和语用等的不同。

范晓认为,与印欧语相比,汉语中的虚词更为丰富,较为有特色的是:(1)不少助词,如"了、着、过""的、地、得"等,看起来像印欧语的下一状态,但实际上又有区别。(2)不少连词,既用来起连接结构成分的作用,又用来表示成分之间的结构关系。(3)不少介词,用来引出和动作相关的语义成分。(4)汉语中还有相当数量的量词和语气词。印欧语中没有语气词,其有些"小品词"虽然用法上类似于语气词,但其表示意义远不如汉语那样明确和丰富,缺乏表现力。

究其根本,虚词在汉语语法中具有特别重要的地位是因为:第一,虚词的类和量都比印欧语要多;第二,虚词的作用非常大,可以用来表示细微而又十分重要的语法意义。至于说在某些情况下虚词可以省略或隐含,只能说明汉语具有灵活性,并不意味着这些虚词不重要。在很多短语结构或者单句里,虚词往往具有十分重要的作用且无法省略。

(四)短语结构跟句子结构以及词的结构基本一致

朱德熙认为:"印欧语里句子的构造跟词组的构造不同。拿英语来说,句子(sentence)的谓语必须有一个由限定式动词(finite verb)充任的主要动词(main verb)。词组(phrase)里只能是不定形式(infinitive)或者分词形式(clause),不能是限定形式。"由此可知,英语句子的构造原则与短语是不一样的。而在汉语中,无论动词出现在哪个位置,其形式没有改变。从理论上而言,汉语中任意一个自由短语加上语调,出现在特定语境中,都能够成为句子。但是,切不可认为任意一个句子离开语调,去掉特定语境就能够成为短语。

另外,汉语中短语的结构和复合词的结构方式也大体上是一样的。范晓在《三个平面的语法观》中提出,汉语中的复合词语大都是由"句法造词法"组成的,复合词的构造法式也与短语基本一致。

当然,在结构上,句子和短语、短语和复合词存在着差异。主要体现为:(1)不是全部带有语调的短语都能变成句子,尤其是黏着性短语,无法进行这样的改动;(2)某些成分仅存在于句中,如插入语、提示成分等,通常仅在句子层面上出现,而非短语层面。

关于短语与词的结构差异,有以下几个方面:(1)构成方式,以及带有词缀的派生词、重叠词。(2)某些复合词的构造方式不存在于短语层面。比如,"书本""马匹""花束"等"名+量"的构造方式,还有"饼干""肉松"等"正+偏"的构造方式。此外,汉语语法还有一些特点,如使用数量词,动词、形容词和名词的重叠等。

第三节　现代汉语语法单位

一、语素

语素可以认为是语言中最小的音义结合体,在整个语法系统中,其是最小的语法单位。语素由英文词"morpheme"意译而来,在过去,其也被译作"形素""词素"。相比较而言,"形素""词素"的说法更符合印欧语的语言习惯,而"语素"这一术语则更符合汉语的语言习惯和语法实际。"形素"较常用于有大量词缀、词尾作为构词成分和表达语义的语言中,如英语中常用"形素",适合那种有大量词缀作为构词成分、词缀作为表达语法意义的形态要素的语言,如 ab-、be-、cor- 和 -ed、-ing、-s 等成分用形素去概括着实更为贴切。可是在汉语中,除了一些较为常见的词缀,如阿—、老—、—头等外,缺乏别的词尾成分,这种情况下用形素来形容显然不太合适。"词素"也不是可以随意使用的,其需要满足一定条件,比如,必须先分析词,才能得出词的构成要素,即词素。这个必要条件带来两个问题:第一,就逻辑而言,这显然使得前后顺序有所颠倒;第二,要求分析词,将词的结构、特点剖析明白,但实际上在汉语中,很多词的划分和剖析仍有待进一步研究,如此必然使得词素分析变得十分困难。语素在使用中则不存在这种问题,所以我国学术界普遍接受语素这一术语。

(一)语素的判定方法

在现代汉语中,词语都呈现出双音节化的趋势,它们的源头大部分都是单音节的形式。所以,就最小的音义结合体而言,现代汉语语素大部分是以单音节的形式呈现的。比如,有能够单独成词的:门、书、碗、跑、床等;也有无法单独成词的:币、古、然、休等。由于传承了一些联绵词，加之不少音译外来词的产生，现代汉语语素越来越复杂。这种情况下就需要制定一个行之有效的判定方法，使人们能够更加精准、科学地把握语素这一语言单位。

截至目前，学界普遍认为，替换法是较为有效的一种方法，并得到广泛使用。替换法即在一个较大的语言结构如词或短语XY中，对其中的最小成分X或Y进行替换，假如X或Y能够被其同类形式X'或Y'替换，在新组合而成的XY'或X'Y中，原来的Y或X仍然保持原来的意义，可以认为被替换的X或Y为一个语素。以汉语音义特征为依据，一般用单音节的音义结合体来作为替换成分，当然必要情况下也可以使用双音节等形式。例如：

红花：
红布、红墙、红灯
粉花、紫花、黄花

经过上述替换，不难发现，"红""花"在与其他成分进行组合时，其原有形式和意义都没有发生改变，并且都保持着原来的音义。所以，可以认为，"红""花"算两个语素。

如果一个结构体中某个成分可以被替换，而另外一个不能被替换，或替换后已失去原义，那么整个结构体只能算一个语素。汉语中的半音译、半意译词就属于此类。例如：

卡片：
卡带、卡其、卡通
纸片、尿片、布片……

在"卡片"这一结构体中，"片"这一成分可以被替换并与其他音义形式在保持原义的条件下组合，而"卡"无法进行上述操作。因为"卡"是一个记音符号，从英语card一词音译而来，所以，应该把"卡片"看作一个语素。

需要特别指出的是，如此理解是有条件的，也就是说虽然"卡"是一个记音符号，但是倘若其在长期使用中渐渐变成有意义的成分，那其就很有可能成为一个语素。比如与"卡片"中的"卡"意同的"饭卡""电话卡""银行卡"等在如今的生活中使用率越来越高,甚至还能在句子中单独使用,如"小明的卡掉进河里了""昨天小芳没能准时刷卡"……所以,随着时代的发展以及人们语言习惯的改变,不能否定以后就断然不会出现类似于"卡色""卡背"等的词类组合。假如真的出现这样的词,那么"卡"就可以算作一个语素了。

(二)语素的类型

1. 按成词能力划分

按成词能力划分的类型有两个:成词语素、不成词语素。

能够独立(单独)成词的语素叫成词语素,不能独立成词的语素叫不成词语素。例如,"学"是成词语素,因为它能独立成词;"习"是不成词语素,因为它一般不能独立成词。

要注意的是,成词语素也能与别的语素组合成词,不成词语素有的在特殊情况下也能单独成词。例如,"学"既能单独成词,也能与别的语素组合成词,如"学习、学风、学期、求学、厌学、逃学"。又如,"语、境、卫、固"被视为不成词语素,但在"自言自语、时过境迁、保家卫国、固若金汤"中,它们却单独成词了。"自言自语、时过境迁、保家卫国、固若金汤"是古代汉语的说法,当它们用于现代汉语时,这种用法应算特殊情况。

2. 按构词作用划分

按构词作用划分的类型有两个:构词语素、构形语素。

起构词作用的语素叫构词语素,不起构词作用只起构形作用的语素叫构形语素。如"胖子"中的"子"起构词作用,它与"胖"相组合,产生了一个不同于"胖"的新词,因此它是构词语素。"桌子"中的"子"不起构词作用,只起构形作用,它与"桌"相组合,未产生一个不同于"桌"的新词,只是改变了"桌"的形式,因此它是构形语素。

单纯词是只包含一个语素的词。一个什么语素?应该说,一个构词语素。如果一个词包含两个构词语素,那它必然不是单纯词,而是合成词。如果一个词包含一个构词语素和一个构形语素,那它是什么词呢?是单纯词,因为构形语素不起构词作用。由此可见,"桌子、椅子、板子、凳子"这一类词,应算单纯词,因为其中的"子"是构形语素。

3. 按意义虚实划分

按意义虚实划分的类型有两个：实语素、虚语素。

实语素是有实在意义的语素，虚语素是没有实在意义的语素。有人把它们分别叫作词根、词缀。但虚语素不都是词缀，因为虚词中的虚语素有些不是词缀，如助词"的"所包含的唯一语素。词缀按所处的位置分为前缀、中缀、后缀。有人把前缀叫作词头，把后缀叫作词尾。其实，前缀、后缀都是构词语素，而词头、词尾都是构形语素。

词尾不同于后缀。后缀起构词作用，产生新词，即原词与后缀组合后成为一个新的词。如"worker"中的"er"是后缀，"work"与"er"组合后成为一个与"work"不同的新词。词尾不起构词作用，只起构形作用，不产生新词，即原词与词尾组合后不成为一个新的词，只是原词的形式变了一下。如"workers"中的"s"是词尾，"worker"与"s"组合后不成为一个与"worker"不同的新词，"workers"只是"worker"的变化形式（此例为复数形式）。为何用英语例子说明？因为英语例子中二者的区别显而易见。

词尾与后缀也有相同之处：都是虚语素，都处于词的后位（如果二者同时出现，则词尾更后）。但是，词尾的作用不同于后缀的作用。因此，词尾与后缀的关系是有同有异的关系。既然有异，那就不能混为一谈。

现代汉语有没有词尾呢？岑运强在《语言学概论》中提出："汉语中的词都没有词尾。"这个观点对吗？不对，因为实际上现代汉语中的某些词是有词尾的，如"桌子、石头、盖儿"中的"子、头、儿"。

4. 按音节数量划分

按音节数量划分的类型有两个：单音节语素、多音节语素。

单音节语素是只有一个音节的语素，如"人"；多音节语素是有两个或两个以上音节的语素，如"巧克力"。

（三）语素分析的意义

对语素进行学习，掌握语素的内涵和特点对于准确认识汉语基本单位的性质有十分重要的作用，同时还能够帮助学习者对更高一级语法单位进行分析，从而便于人们更好地理解和运用语言。

由于现代汉语中相当数量的双音节词的构成成分在古代汉语中是能够单独表意的词,我们在具体运用过程中可以视情况分而用之、灵活拆装。如某新闻标题:

某某某昨安抵北京

该新闻标题将"昨日""安全""抵达"合并为"昨安抵",在不改变原意的情况下,既节约了版面,又使得表达更显庄重。

在实际运用过程中,还可以充分利用语素的这个特点,将本不能单独使用的语素拆开来使用,从而起强调作用。例如:

①这件事必须彻查到底,不能不清不楚!
②老人常言:不干不净,吃了没病。
③某地爆发人蝠大战

例①、例②中分别将"清楚"和"干净"拆解开;例③有些特别,将联绵语素"蝙蝠"拆开来使用,以达到音节节奏的协调。

与此同时,在语言运用过程中,为了达到幽默或者讽刺等效果,可以故意歪曲词语的语素成分特征,只取其形体意义来搭配。例如:

如今的沙市,是只有沙而没有市了。

二、词

词由语素构成,具有固定的语音形式,表达特定的意义,是能够独立使用的最小语素单位。

(一)词的一般特点

与其他语言一样,现代汉语中的词也有如下特点。

第一,具有固定的语音形式。汉语中的每个词都有相对稳定的语音特征。如"树",读音为 shù;"花",读音为"huā"。

第二,表达特定的意义。每一个词的存在都有其特定的指向与意义。如"书",其意义为装订成册的著作;"禾",其意义特指水稻的植株。这里所指的"意义"除了词汇意义外,还包括起语法作用的词所表达的关系意义。如"我的书"中的助词"的",用在定语和中心语之间构成偏正关系。

第三,它是能够独立使用的最小语素单位。在运用语言的过程中,人们通常将句子作为最小的表达单位,而句子又是由词作为最基本单位直接构成的。例如:

勤劳 的 人民 富 了 起来。

其中"勤劳"为定语,"人民"为中心语,"富"为述语,"起来"为补语。

"能够独立使用"是以语素为参照相比较而言的。尽管语素是音义结合体,但是其只是词语的构成单位,不能直接进入句子,如上例中的"勤""劳"。成词语素可以直接进入句子,如上例中的"起""来"就是十分典型的代表,但此时其已经成为词了。

"最小语素单位"是以短语为参照相比较而言的。因为短语也可充当句法成分,而其是由词组合而来的,所以词才是最小的语素单位。如句中的"勤劳的人民"是句子的主语,但其又是由"勤劳""的"与"人民"三个词构成的。

(二)词的自身特点

和其他语言不同,汉语中的词也有自己的特点,主要表现为以下几个方面:

第一,词语双音节化。和以英语为代表的西方语言不同,汉语词语在语音上绝大部分表现为双音节形式,并且部分词语呈现出双音节化的趋势。词语双音节化决定了现代汉语中最小、最基本的"标准音步"为双音节音步的特点。这个特点又限定了汉语词语组合在音节上的变化。例如,较长的词语、短语常常被缩成双音节词,如"中国人民政治协商会议"紧缩成"政协"等。部分词语尽管其结构节奏(用丨标示)为1+3或3+1,但是它实际的韵律(以/标示)也会变为2+2,如"狐丨假/虎威""有缘/之丨人"等。如某新闻标题:

春运体验系列之一:
胆战心惊的初体验

如上例这则新闻标题,其在音阶节奏的协调上不够完善,假使在"初"后面加上"次"读起来就更为顺畅。

第二,同音词数量庞大。有人对此专门进行过统计,现代汉语中的同音词大概占到词汇总量的10%。

第三,构成方式丰富。在现代汉语中,除了非常少量的单音节词语外,相当大一部分的词由两个及以上的语素组合而成。具体的组合方式有词根融合、重叠、附加、儿化、轻声等。

(三)词的结构法则

词的结构法则并非词的结构类型,前者是因,后者是果。词的结构法则指词的结构单位构成词的规则,也就是词的构成方式。

1. 单成

(1)单成与单纯词

"单成"是词的一种结构法则,指有些词由一个构词语素单独构成(或者说"形成")。

"单纯词"是词的一种结构类型,指由一个构词语素形成的词。"单纯词"当初应叫"单成词",这样既符合实际,又与"合成词"命名一致。单成与单纯词的关系,是原因与结果的关系。

(2)单纯词的大小类型

①全部单纯词按音节分为:单音节单纯词、多音节单纯词。

②多音节单纯词分为:联绵词、叠音词、音译的外来词、多音节的拟声词。

③联绵词分为:双声联绵词、叠韵联绵词、其他联绵词。

2. 合成

(1)合成与合成词

合成也是词的一种结构法则,指有些词由多个构词单位直接组合而成。合成的类型有以下三种:

①构词语素+构词语素(或再加)。

②语素组+构词语素。

③构词语素+语素组。

合成词也是词的一种结构类型,指由多个构词单位直接合成的词。

极少数合成词由三个构词语素直接合成,如"高精尖、度量衡",合成与合成词的关系,也是原因与结果的关系。

(2)合成的大小方式

①三大方式:复合式、重叠式、附加式。

②复合式的五小方式:联合式、偏正式、中补式、动宾式、主谓式。

③附加式的两小方式:前加式、后加式。

(3)合成词的大小类型

①按三大方式分:复合型合成词、重叠型合成词、附加型合成词。

②复合型合成词按五小方式分:联合型合成词、偏正型合成词、中补型合成词、动宾型合成词、主谓型合成词。

③附加型合成词按两小方式分:前加型合成词、后加型合成词。

(四)语素与词的区别

语素和词的区别主要表现在以下两个方面:

1. 性质上

语素是最小的音义结合体,它是汉语语法中最基本的音义单位,同时其还是更高一级单位——词的构成材料。因此,语素总是属于构词层面。一部分单音节成词语素能够以原本的形式在短语或者句子中出现,此时其已经成为词了。词则是可以独立使用的、最小的语法单位,词能够作为直接构成短语和句子的材料。

2. 意义上

语素的意义大多是不明确的,以"文雅"为例,文雅表示温和有礼貌,不粗俗。"文雅"由"文"和"雅"两个语素构成,但这两个语素的意义却不容易明确表述出来。也正因为如此,我们常用的汉语工具书是《现代汉语词典》,而不是《现代汉语语素典》,目前仍然没有一部"语素典"产生。和语素不同,词的意义通常是明确的,无论这个词的意义是实在的,还是虚泛的。

三、短语

汉语中的短语指的是临时组配的比词的单位大、比句子的单位小的成分,成语等固定结构属于词汇范围。现代汉语中的短语有:买包子吃、学习知识、上街买菜、头脑简单、关于梦想等等一系列浩如烟海的搭配组合。几十年来,短语这一语法单位一直是学术界研究的热点,其曾拥有很多名称,如字群、词群等。当前,"短语"已经成为统一用法。

（一）短语成为重要的语法单位的原因

短语成为重要的语法单位的原因如下:

第一,由于汉语具有非形态化的特点,有的词语能够在非句子单位内互相组合。例如,汉语中能够把"铅笔已买到"作为一个材料单位,加上语气因素,直接成为一个独立的句子。

第二,汉语中不乏与以下结构形式,如 A + 的、关于 + A、所 + A。例如:

①说的比唱的好听。
②关于修车,他很在行。
③想人民之所想,急人民之所急。

如果将上述列举一类的结构形式归入熟语等词汇范围,好像不太准确,但是其又不是句子,所以只能将其视作一种比词大的材料单位。

第三,由于短语和句子的结构关系基本一致,所以只要将短语加上语气,放在具体情景中,短语就可以成为句子。

（二）短语与词的区别

两者的不同表现在三个方面:

第一,就意义而言,词义具有整体性和抽象性。例如,老婆饼≠老婆+饼,雪车≠雪+车,海带≠海里的带子,眉目≠眉毛+眼睛。惯用语、成语等熟语也同样如此。但是短语则不是这样的,短语的整个意义就是其构成成分意义的总和。例如,让她去加班,高等学校,雪很白,等等。

第二,就语音而言,词是停顿的最小单位,除强调停顿外,构成词的语素和语素中间不停顿。短语的各构成成分中间可以停顿。

第三,就结构而言,词的构成成分之间关系紧密,不能任意扩展。例如,"词典"不能扩展为"词语典故","手机"也不能扩展为"手和机"。短语则不然。因为短语是临时配对的,所以其构成成分之间的结构并不紧密,可以扩展,如大河——大的河,清扫——清理和打扫,调查研究——调查和研究,等等。此外,就句法作用而言,词能够直接充当句法成分,是最小的语法单位;短语则是由词构成的更高一级的单位,其还包括更小的语法单位——词。

需要特别说明的是,上述对象是现代汉语中的一般情况。随着社会的发展以及语言的具体使用,现代汉语中着实存在一小部分无法断定的成分,这一小部分的词通常是作为一个固有概念或者结合体使用的,用来表示某个现象或者描述某个动作,如"睡觉""理发""羊毛""提问""有理""讲情""出差""鸡蛋""有趣""革命""洗澡"等等。某些时候,这些词又能够拆开来使用,学术界将这一类别的词称作"离合词"。对于离合词的研究一直没有停止,越来越多的学者试图弄明白这类词存在的情况、内部的机理等。

四、句子

(一)句子的定义

在书面或者口头表达中,人们通常用词语或者短语作为材料从而使其组成更大的单位,通过这个单位能够进行完整意思的表达,并且伴有特定的语调,那么这个单位就是句子。句子是人们在日常生活中沟通交流的最基本的表达单位,其也是语法系统中的最上层单位。

(二)构成句子应该具备的条件

第一,一定要以词或者短语作为结构材料,并且在规定的语法规则下将这些词或者短语进行正确组合。因此可知,句子能够由完整的主谓短语构成。例如,"河边的柳枝抽芽了。"也能够由非主谓短语构成,如"又刮风啦!"还能够仅由一个词构成,如(妹妹喊)"姐——"(姐姐应)"唉!"等。

第二,一定要完整地表达描述者想要表达的意思,能完成明确的交际任务。从句子的内容看,特定的语境催生了句子,所以,不管形式是不是完整的,其一定要能够相对清楚地进行表达,从而完成交际。以下面这段话为例,尽管句子形式不都是完整的,但意思充分表达出来了:

这五天来,我天天跟她在一起。
你天天?跟这疯女人?
是的。……我们天天去那儿。
那儿?那儿是什么地方?
牌坊。
牌坊?
牌坊。

(陈洁《牌坊》)

第三,一定要有特定的语调或语气。语调通常分为四种类型:平直、曲折、降抑和高升。其主要是用于表达思想内容或情感起伏的声音形式。任何句子都有属于自己的语调特征。在日常交流的语言中,语调一般能够通过停顿、升降、轻重、语气词等来表示;在文学作品等书面语中,语调则通常以语气词或者标点符号来表示。以下面这段文字为例,语调及其变化就十分典型:

鲍其宏已经从隔壁房间过来,和侯四高坐在一起喝茶,鲍太太推门进来了。
鲍其宏说:"唉,你怎么进来了,有什么事儿?"
鲍太太说:"你刚才哪儿去了?"
鲍其宏说:"我呀,我陪客人在餐厅里。"
鲍太太冷笑:"什么时候开始撒谎了?"
鲍其宏说:"哎,你这是什么话!"

(陈闯《策划幸福》)

第四,仅仅在一个具体的语境中存在。句子产生于交际需要,所以,必须借助于特定的语境,句子的形式和作用才可以完成和准确解释。例如,张三对李四说道:"你可真聪明!"假如李四完成了一件张三无法做到的事情,那么张三便由衷地夸李四,这句话中充满了肯定和赞扬;假如李四自作聪明,搞砸了一件事,张三为了挖苦李四便对李四说了这句话,那么句中则充满了讽刺、挖苦。

(三)句子与词或短语的区别

第一,性质不同。倘若将句子比作一所房子,那么词、短语则是盖这所房子所用的砖头,也就是说,词、短语是句子的基础材料,句子则是由词、短语构成的表达单位。句子能够脱离具体语境使用,词、短语必须以具体语境为背景。

第二,词或者短语没有特定的语调或语气,句子则不然。所以说,虽然单从句法上来说,一个短语可能构成一个句子,但在表达功能、意义等方面,二者仍存在着本质的不同。以"王五去泰国"这个短语为例,从句法关系上分析,其为主谓短语,谓语又由一个述宾关系的短语构成,意义非常明确,且只有一个。但倘若将这个短语置于具体的语境中,并且加上语调、语气,那么虽然句法上没有变化,但是言语意义发生了改变。在不将重音和停顿纳入考虑范围的情况下,主要有以下四种言语意义如(表1-1)。

表1-1 四种言语意义

语气	语调	言语意义	具体示例
祈使语气	语调下抑	用于发出指令	王五去泰国!
陈述语气	语调平缓	用于陈述事实	王五去泰国(了)。
疑问语气	语调上扬	用于提出疑问	王五去泰国(啦)?
反问语气	语调曲折	用于怀疑事实	王五去泰国?

需要特别说明的是,并不是任意的词或者短语置于特定的语境中,加上语调或语气就能成句,除了要保证结构完整,还要考虑语音、语义、修辞等方面的要求。

第三,词或者短语无法具有感叹词或者临时插入一些特殊成分,而句子可以。例如:

<u>总之</u>,一切按照计划进行。
<u>你见到的</u>那只流浪猫,它已经有了新主人了。
<u>唉</u>,如果我再努力一点,兴许就得冠军了。

第四,词或者短语没有倒装、省略等特殊现象。句子则不然,特别是在日常交流中,因为语用的作用,能够出现成分的倒装和省略。例如:

①问:(你)在干吗?
答:(我)打游戏。
②多么漂亮啊,这道彩虹!

第五,由于词或者短语完全不需要依托于具体的语境而存在,所以其意义可以直接从表层得到,并且很明确。句子由于受到交流者、话题、场所等各种语境因素的影响,句子的形式意义通常可能不是其实际的言语意义。例如:

妹妹(对姐姐说):"姐姐,现在六点啦!"

上述例句从表面上看是妹妹对姐姐进行"现在"这个时间点的陈述。倘若把这个句子放在具体的语境中,那么妹妹则可能在提醒姐姐:已经六点了,该轮到她决定看什么电视了;也有可能是在回答姐姐关于时间的提问;还可能是在和姐姐一起分享喜悦:六点了,爸爸妈妈就要下班回家了……许多意义中的某一个才是妹妹真正想要表达的,而只有放在具体的语境中才能真正领略到说话人的意思。

五、句群

(一)句群的地位

关于句群到底是不是汉语的一级语法单位,几十年以来,学术界多有论争。当前,学术界基本上达成了共识:和语素一样,句群也处于边缘地带。既然承认了语素是语法单位,那么就不可对句群进行"差别待遇"。句群和复句的语法手段大体上是相同的,都有显、隐手段,所表达的意思都较为复杂。学术界既然承认复句是一级语法单位,那么同理,句群也可以被看作一级语法单位。在对句子进行分析的时候,不能脱离句群,而独词句则更需要在句群或者是更大的语境中才能够被认定为是"句子"。因此,可以认为,句群是一级独立使用的语言单位。

（二）句群的作用

1. 掌握句群有助于提高理解和表达能力

通常一篇文章都是由几个、十几个甚至几十个段落组成的,而部分段落又由若干句群组成。所以,对文章段落内部的句群和句群的关系、句群内部句子和句子的关系等进行分析,非常有利于读者理解和掌握段落结构及段落大意,也有助于提升自己的表达能力。①

2. 掌握句群有助于选用句式

句群是比句子更高一级的这一语言单位。在书面语中,应该从句群这一整体出发,通过考察具体语境,思考句式选用是不是恰当,同时也能够帮助辨别句式选用的优劣和正误。例如,"母亲下班了"和"妈妈下班了",语体风格不同;"小明受到老李的批评"和"小明受到老李的谴责"语意程度不同。由此可见,句式选用的优劣、正误一定要放在具体的语言环境中才能够弄明白。

3. 掌握句群有助于纠正语病

一部分人因为文化水平、语言使用习惯、构思等原因,说话或者写作的时候常会出现语病甚至是病句群。例如,有的句群胡乱论述一通,缺乏中心思想;有的句群前后逻辑混乱,毫无层次感;有的句群前言不搭后语,内容相互矛盾。这些问题主要出在"逻辑"二字。有的句群关联词语使用不当、指代词语出现错误等,这些问题主要出在"语法"二字。还有的句群修辞手法使用不当,比喻、拟人等表述有误,句子的整体风格也不协调等。以上都易造成说话或写作的病句群。掌握句群的用法,有助于纠正语病,改正这些错误。

---

① 王祥、李英姿:《简析句群的作用》,《黑龙江农垦师专学报》2001年第4期:32-33.

第二章 实用视角下的现代汉语词类研究

　　词的分类是语法分析的基础,也是语法研究的中心部分,我国语法学界对词类的划分问题意见最为分歧,争论也最为持久。关于汉语词类问题一直被认为是个老大难问题。尽管如此,研究汉语语法,同研究其他语言语法一样,必须深入探究词类划分及词类活用问题。

第一节　词类概述

一、词的含义

词由语素构成,具有固定的语音形式,表达特定的意义,是能够独立使用的最小语素单位。

二、词汇意义和语法意义

词集声音和意义于一体。词的形式表现为声音,词的内容表现为意义。就词的意义而言,主要有两个方面,即词汇意义和语法意义。

词汇意义是客观现实或状况的某类概括体现。它和概念息息相关,但又不一样。联系,表现为概念被融合于词中,并根据词表达出来。区别,表现为概念能够大于词。以"人民"为例,其既是一个词,也是一个概念;"朝鲜人民"则是两个词,仍然是一个概念。在词义理解的深度和广度上,不同的人理解是不一样的。再以"人"为例:人,能直立行走、能思维、能说话,会制造工具并使用工具进行劳动……以上是"人"的词汇意义,这些意义对人的特征进行了充分反映。但是,不全掌握"人"的意义,并不妨碍对"人"的使用。例如,3岁的小朋友见到电视里的持枪歹徒会称其为"坏人",见到白胡子老爷爷会知道那是一位"老人",懂得爸爸、妈妈、爷爷、奶奶等是"大人",知道自己是"中国人"……由此可见,只需要掌握部分足以确定对象范围的特征,就可以对这些词进行正确使用。不管词的词汇意义反映什么特征,它都是概括性的,简言之,就是这个词表示的是具有某些共同特征的一类事物。

词的语法意义指的是在词汇意义外,通过再概括或者其他方法,使词具有其他的附加意义。以"工人""农民"为例,虽然它们有属于自身的词汇意义,但通过再概括可以发现,他们有一个共同的意义,即都表示人的名称;通过某种手段,如加"们",均可使其表示复数,即"工人们""农民们"。在此例上,名词和复数就是"工人"及"农民"的语法意义。由此充分说明,词的语法意义,既包括词的再概括的附加意义,也指通过一定手段表现出来的附加意义。表示语法意义的那类手段称作语法手段。在现代汉语中,常见的语法手段有词序、虚词、形缀、重叠、轻重音和语调。

（1）词序。例如,工人欢迎农民（"工人"主语,"农民"宾语,以词序表现意义）。

（2）虚词。例如,欢迎的农民（"欢迎"限制"农民",以虚词表现意义）。

（3）形缀。例如,农民们欢迎着工人（通过附加形缀"们",表示"农民"的多数；通过附加形缀"着",表示"欢迎"的动作正在持续）。

（4）重叠。例如,①远—远远（的）,明白—明明白白（这一组附加上"很"的意思）；②说—说说,研究—研究研究（这一组附加上"短时""少量"的意思）。

（5）轻重音和语调。以"远—远远的""明白—明明白白"为例,重叠后重音在后面音节上,则这组词是形容词；以"说—说说""研究—研究研究"为例,重叠后重音在前面音节上,则这组词是动词。因此,轻重音也属于一种语法手段。

同样,语调也是一种语法手段,但需特别注意的是,其只用于句子,而不用于词。例如：

①小王喝了一瓶酒。
②小王喝了一瓶酒？

在描述例①这个事实时,语调平匀或者末尾稍降。而如果使用末尾上扬的语调,那么陈述句则变为疑问句,如例②。这两句话表述的意思因为语调的变化而有所不同,前者是告诉别人这件事,后者是问别人有没有这件事。由此可见,语调也是语法手段之一。不过它不用于词,而用于句子。

三、词类的划分

关于词类的划分这一问题,虽然语法界长期以来仍然没能解决,但是并不影响对词进行分类。因为划分词类的标准已经大体上提出来了，并得到了普遍认同。这些标准的准确与否需要在实际应用过程中加以检验。通常情况下，以下面三项标准来对词类的划分进行检验。第一，意义标准，这里的意义不指词汇意义，而仅指语法意义。第二，功能标准，指的是词的语法功能。语法功能又包括两个部分，即造句功能和结合能力，前者看词在句中担任的成分，后者看词能够与哪些词结合。第三，形态标准，指词的语音变化。可以通过加音（即加形缀）和重叠来变化词的语音形式，但是这种方法不具有普遍性。所以，这项标准的适用范围较窄。以上三项标准需要结合使用，不能错误地只盯住其中一项标准进行判断。以"战争"为例，这类词若是着重强调意义标准，那么实则无法清晰地界定其是名词还是动词，只有将语法功能考虑其中，才能分清。

根据以上三项标准，汉语的词能够从总体上分为两大类。一类是实词，这类词集词汇意义和语法意义为一体，意义比较实在，既可以作为句子成分，也可以单独用来作为问题的答案。另一类是虚词，这类词通常情况下只有语法意义，意义不实在，不能作为句子成分使用，更不能单独用来作为问题的答案，但是其可以起辅助作用，配合帮助实词准确地表达意义。例如，"孔子是伟大的思想家和教育家。"这句话中，"孔子""是""伟大""思想家""教育家"是实词，剩下的"的""和"是虚词。根据分类的几项标准细分，实词还可以再分为：名词、动词、形容词、区别词、副词、代词、数词、量词、拟声词、叹词；虚词还可以再分为：介词、连词、助词、语气词。

第二节　现代汉语中的各类实词研究

一、名词

名词是表示人、事物、地点或抽象概念的名称。

(一)名词的意义分类

1. 一般名词

(1)普通名词
①个体名词
例如:花　羊　朋友　铅笔　坦克　计算机
②集合名词
例如:人民　羊群　银两　山脉　物品　森林
③物质名词
例如:铁　铜　空气　阳光　声音
④抽象名词
例如:友谊　感情　欲望　道德　原则
(2)专有名词
例如:孔子　列宁　故宫　南京　颐和园

2. 特殊名词

(1)时间名词
例如:前天　现在　明年　中午　星期三　冬天
(2)处所名词
例如:到处　桥头　周围　附近　北郊
(3)方位名词
例如:上　下　左　右　前　后

(二)名词的构词标志

在现代汉语中,只有为数不多的词具有形态标志,通过这些形态标志,我们可以很清楚地辨别出其词性。汉语名词的形态标志主要有前缀和后缀这两种,前者用在词根语素前,后者用在词根语素后。

1. 前缀

(1)阿
常见的以阿为前缀的词有:阿妈、阿爸、阿公。当将"阿"作为前缀的时候,"阿—"通常指代某人。"阿"还可以加在名字的前面,表亲昵。

如某人名为"李华",其亲友可以称其为"阿华"。这种称呼虽不正式,但是更为亲切,一般用于称呼同辈或者晚辈,切不可用此称呼长辈。

（2）老

①老表　老王　老总
②老媪　老板　老婆
③老大　老三　老几
④老虎　老鸹　老狐狸

在以上四组中,前缀"老"的意义各不相同:例①用于称呼,表亲昵(注意不可用于长辈);例②为俗称,较为随便;例③表排行;例④带有厌恶、惧怕的感情色彩。

（3）小

①小家伙　小商品　小人书　小辈　小菜　小炒　小贩
②小姐　小伙儿
③小账　小费　小意思
④小女　小店　小弟

在上述示例中,"小"的意思大有区别。例①中的"小"表示性状偏小,如"小人书""小菜",或者是非正式的,如"小贩";例②中的"小"表尊重,如"小姐",或者是亲昵,如"小鬼";例③中的"小"表非正规、附带的;例④中的"小"表谦称。

2. 后缀

（1）子

①尺子　脑子　车子
②桌子　椅子　被子
③掸子　推子　铲子
④戏子　探子　骗子
⑤挑子　架子　摊子

⑥聋子　胖子
⑦辣子　乱子
⑧大伯子　大姨子　大舅子　新娘子　老妈子
⑨马贩子　票贩子　耳挖子　电滚子　鞋拔子

"子"本义是"孩子",作为后缀只有名词化的作用,而没有"小"或"轻视"的意思。例①中的词,词根能够独立成词,有没有"子"均可,但这样可能造成词义的改变。如"尺"和"尺子"词义相同;"脑"是具体名词,"脑子"是抽象名词。在具体的使用过程中需要辨别哪些情况"子"可用可不用,哪些情况"子"必须使用。例②中的词,"子"不能去掉,否则为语素而非词。这些词有一个共同点,就是都可以和其他相关的语素连在一起使用,而不用加"子"。比如"桌椅板凳""被褥"。

例③、例④、例⑤中的词都为"动素＋子"。其中,例③表动作使用工具;例④表动作施事;例⑤表动作对象。

例⑥、例⑦中的词都为"形素＋子",例⑥表示人;例⑦表抽象事物或具体事物,如"乱子""辣子"。

例⑧、例⑨中的词都由包括"子"在内的三个语素构成。若将前两个语素分别用A、B来代替,则例⑧中的词的组合结构为"(A＋B)＋子";例⑨中的词的组合结构为"A＋(B＋子)"。

（2）儿

①勺儿　鸟儿　花儿
②词儿　洞儿　板儿
③信儿　门儿　伴儿
④空儿　亮儿　弯儿
⑤盖儿　扣儿　塞儿
⑥捻儿　画儿　包儿
⑦水饺儿　杏仁儿　项链儿
⑧冰棍儿　针鼻儿　胖墩儿

例①、例②、例③中的词都为"单音节语素＋儿"。其中,例①中的"儿"加与不加不对词义造成影响;例②中的"儿"加与不加可能决定了词义的不同;例③中的"儿"不能去掉。

例④、例⑤、例⑥中的词都为"形素/动素+儿"。其中,例④为"形素+儿";例⑤、例⑥为"动素+儿"。例⑤表动作的工具;例⑥表动作对象或动作结果。

例⑦、例⑧是多音节的名词。其中,例⑦中的"儿"可加可不加,不改变词义;例⑧中的"儿"不可去掉。

以下四点需要特别注意:

第一,现代汉语中不乏这类情况,"个体量词+儿"=名词,如"个儿""块儿"。

第二,"数词+儿=名词",如"三儿""七儿"。一般情况下用来按照排行叫自己的孩子,如老三叫"三儿",老七叫"七儿"。

第三,语音上,后缀"儿"不单独成音节。

第四,某些词既可加"子",也可加"儿",加"子"还是加"儿"往往为了区分物体的大小或者情感的憎恶或喜爱。如"棍子"和"棍儿","瓶子"和"瓶儿","老头子"和"老头儿"。

(3)头

① 奔头　看头　念头
② 准头　甜头　苦头
③ 骨头　石头　舌头
④ 里头　前头　上头

例①中的词为"动素+头=名词";例②为"形素+头=名词";例③为"名素+头=名词";例④为"方位意义的语素+头=处所名词"。需要特别注意的是,例①中的词均表示抽象意义,前可加"有/没有",后有时可加"儿";例②中的词也表抽象意义。

(4)者

① 长者　强者　老者
② 前者　后者
③ 学者　记者　读者
④ 演唱者　旁观者　领导者

例①中的词为"形素+者=名词";例②为"方位意义的语素+者=

名词";例③为"动素＋者＝名词";例④为"动词/动词短语＋者＝名词"。

3. 类前缀和类后缀

类前缀和类后缀即类似于前缀或后缀的语言成分。其比前缀和后缀的虚化程度弱些,还可能具有实在意义。

（1）类前缀

① 伪：伪政权　伪君子　伪钞
② 半：半封建　半导体　半成品
③ 类：类语缀　类人猿
④ 单：单间　单人床　单晶体
⑤ 全：全民　全自动　全集
⑥ 亚：亚军　亚硫酸　亚热带
⑦ 超：超大型　超高压　超音速

（2）类后缀
用于指人的名词：

① 家：画家　作家　文学家　艺术家　思想家　发明家　歌唱家　科学家　收藏家　书法家　探险家　语言学家
② 员：学员　演员　教员　会员　运动员　列车员　警卫员　卫生员　理发员　采购员　打字员
③ 师：律师　技师　医师　讲师　厨师　教师　琴师　导师　药剂师　工程师　会计师　魔术师
④ 士：战士　烈士　人士　骑士　女士　院士　博士　硕士　学士　护士
⑤ 长：站长　校长　队长　班长　船长　护士长　列车长　教务长
⑥ 友：队友　病友　票友　球友　牌友　棋友　工友
⑦ 工：技工　瓦工　钳工　电工　木工
⑧ 汉：懒汉　好汉　庄稼汉　光棍汉　门外汉　英雄汉　男子汉
⑨ 手：凶手　对手　老手　新手　人手　选手　副手

助手　熟手　生手　舵手　水手　打手　吹鼓手　多面手　拖拉机手

用于某一群体的类后缀：

①族：爱车族　骑车族　工薪族　上班族　追星族　打工族

②队：部队　军队　工作队　登山队　探险队　考古队　考察队

③界：商界　政界　工商界　金融界　妇女界　教育界　文艺界

具有贬义的类后缀：

①鬼：死鬼　懒鬼　色鬼　酒鬼　烟鬼　冒失鬼　吝啬鬼　胆小鬼（"鬼"也用于昵称，如小鬼、机灵鬼、调皮鬼）

②佬：阔佬　乡巴佬

用于表示学术观点、思想、理论、主张的名词：

①论：唯物论　相对论　进化论　无神论

②学：文学　数学　哲学　人类学　天文学　社会学

③主义：大男子主义　集体主义　个人主义　浪漫主义　现实主义　改良主义　资本主义　社会主义

用于表示事物特征的名词：

①性：长期性　急性　理性　完整性　代表性　纪律性　伸缩性　积极性　大陆性　海洋性　碱性　酸性　特殊性　普遍性　能动性　主动性

②气：风气　傲气　娇气　勇气　官气　名气　暖气　冷气　热气

③率：成功率　废品率　生产率　圆周率　成活率　出

勤率　效率

④式：方程式　分子式　算式　公式　条件式　叙述式　命令式　阅兵式　开幕式　仪式　老式　新式　样式　青年式　盒式　西式　中式

⑤度：满意度　知名度　坡度　密度　强度　高度　湿度

⑥风：党风　作风　学风　文风

⑦型：重型　砂型　模型　轻便型　流线型　微型

⑧形：体形　地形　三角形　圆形　矩形　工字形　球形　扇形

用于表示处所、单位的名词：

①场：广场　商场　停车场　市场　滑冰场　跑马场　剧场　操场

②站：批发站　菜站　煤气站　收购站　服务站　维修站　火车站　汽车站

③行：车行　五金行　银行　商行

④厂：加工厂　制造厂　发电厂　纺织厂　炼钢厂

⑤厅：歌舞厅　大厅　办公厅　餐厅　饭厅　客厅

用于表示器件、物品、用具的名词：

①仪：扫描仪　投影仪　绘图仪　经纬仪　地球仪　水平仪

②件：急件　附件　文件　硬件　软件　备件　配件　构件　部件　零件

③器：显示器　助听器　变压器　示波器　计时器　扫描器　量角器　机器

④具：文具　农具　家具　道具　玩具　雨具　器具　工具

⑤机：飞机　起重机　收音机　复印机　打印机　发电机　录音机

⑥品：礼品　塑料制品　豆制品　物品　展品　用品

消费品　处理品　营养品　药品　补品　商品　废品　次品
陈列品　成品　产品

用于表示章程、方法的名词：

①则：法则　细则　总则
②法（指"法律"）：婚姻法　军法　变法　犯法　合法
③法（指"方法"）：加法　土法　用法　办法
④法（指"见解"）：看法　想法　说法

以上所列出的类后缀绝大部分是由具有实在意义的词虚化而成的。以"手"为例，这类词已经失去了原义；以"师""匠"为例，这类词隐藏着部分原义，但需要注意的是，它们不可独立使用；以"主义"为例，个别语素能独立成词。

（三）名词的语法特征

1. 名词大都能受表示物量的数量短语修饰

个体名词所表示的人或物能够逐一计数，用个体量词修饰。例如，三只猴子、五条裤子、六张板凳。

集体名词所表示的人或物无法逐一计数，用"些、群、批"等量词修饰。例如，一些人、一群羊、一批原材料。

抽象名词表性质、状态、概念等，用"种、类、门"等量词修饰。例如，一种友谊、一类科学、一线希望。

时间和处所名词不用量词修饰。

专有名词表示特定的人或物，通常不用量词修饰，只有特殊情况下才可以加上量词。

2. 不受副词修饰

通常而言，名词不受副词修饰，如不可以说"很裤子""十分板凳""不羊"，但一些表示时间或处所的名词例外。例如，"最上面""才星期三"等。[1]

3. 主要充当主语、宾语和定语

名词最主要、最基础的作用就是充当主语和宾语,绝大多数名词还可充当定语。例如:

儿童是(祖国)的花朵。

时间名词、处所名词、方位名词还可充当状语。例如:

我们［屋里］坐。
我［现在］就来。
您［上面］坐。

时间名词还可充当谓语。例如:

明天星期日。

4. 一般不能重叠

通常名词不能重叠。例如,"手手机机""手机手机"。但需要特别注意的是,有极少数单音节词并不受此规定,其可以重叠表示"遍称"义。例如,"天天"。

5. 单复数同形

汉语名词在表示复数时,和英语不同,其本身形态不用发生改变,只需要在其后加上后缀"们"。以人为例,表人的普通名词＋"们"表群体,体现数量众多。例如,乡亲们、工人们。但倘若在名词前已经有了表示多数的词语,或者该名词本就表多数,后不可加"们"。

(四)关于方位名词

方位名词是比较特殊的名词,有单音节和双音节两类。

---

[1] 周奇.常见语言文字错误防范手册[M].北京:中国标准出版社,2010.

单音节：东 西 南 北 内 间 里 外
　　　　上 中 下 前 后 左 右 旁
双音节：以上　以下　以东　以西　以南　以北
　　　　之中　之间　以前　以后　之南　之北
　　　　之前　之后

　　方位名词是名词中一种十分特殊的类别，其语法特点表现为结构上的附着性。方位名词一般黏附在实词或者短语的后面构成方位短语。这些方位短语能够用来表示时间、方位及其他较为抽象的概念。例如：

　　桌子上　　进行中　　长亭外　　教室里　　出发之前
　　会议以后　　餐厅前　　金字塔前　　父母和孩子之间

　　方位短语前面通常加介词，组成介词短语。例如：

　　自从回家以后　　从教室里（出来）　　在教学楼前

　　方位名词一般只有在对举的结构中才能单独充当句法成分。例如：

　　左牵黄，右擎苍。
　　上有老，下有小。
　　前怕狼，后怕虎。

二、动词

动词表示动作、行为、心理活动或存在、变化、消失等。

（一）动词的意义分类

（1）表示动作行为（动作行为动词）。例如：

　　看　吃　打　走　阅读　宣传　学习　研究

（2）表示心理活动（心理动词）。例如：

　　恨　爱　希望　讨厌　喜欢

（3）表示可能、应该或意愿（能愿动词）。例如：

　　敢　会　能　应该　可以　能够

（4）表示判断（判断动词）。例如：

　　是　为（wéi）

（5）表示动作行为进行的趋向（趋向动词）。例如：

　　来　去　进　出　上　下　起来　上来　下去

（6）有的动词没有实在的意义，要求其他动词充当宾语（形式动词）。例如：

　　予以　给以　加以　进行

（7）表示存在、变化、消失（存止动词）。例如：

　　有　在　消失　死亡　生长　发展　发生　存在

(二)动词的语法特征

（1）动词常充当谓语或谓语中心语，多数能带宾语。例如：

　　①妈妈洗衣服。
　　②小红买菜。
　　③我走了。

少数动词不能带宾语。例如：

  游泳 考试 睡觉 巡逻 答辩 约会 见面

（2）绝大多数动词可以受副词修饰。但需要特别注意的是，除了能愿动词、心理动词，通常别的动词不可以受程度副词修饰。例如：

  非常愿意 很可能 很喜欢 不希望 正在上课
  都去 已经离开 特别高兴 刚走

（3）多数动词可以后附"过、着、了"表示动态。例如：

  ①读过这本书。
  ②听着这首歌。
  ③看了一部电影。

（4）多数动词可以重叠。主要有三种情况：①单音节动词"A"重叠为"AA"，如"跑跑""跳跳"；②双音节动词"AB"重叠为"ABAB"，如"理论理论""拜访拜访"；③动宾式合成词"AB"重叠为"AAB"，如"买买菜""打打牌""捶捶肩"。重叠以后表示时量短或动量小。

（三）几类动词的说明

1. 判断动词"是"

表肯定，用在主语和宾语之间。
（1）表示事物的存在。例如：

  ①河边是一匹马。
  ②前面是一条河。
  ③到处都是蒲公英。

（2）表示等于什么或属于什么。例如：

①南京是江苏省的省会。
②孔子是伟大的教育家。

（3）表示事物的特征、质地、情况。例如：

①这女孩是大眼睛。
②这衣服是丝绸的。
③这几年我们都是大丰收。

表肯定，用在谓语动词、形容词前。此时"是"充当副词，表"的确、确实"的意思，对后面的名词进行修饰，注意阅读时要重读。例如：

①这家伙是搞笑。
②他是不容易相处。

2. 能愿动词

能愿动词，也叫助动词，表意愿、必要、可能等，常用在动词或形容词前。
表示意愿：乐意　愿意　乐于　敢于
表示必要：得（děi）　应　应当　应该
表示可能：可以　会　能　能够

能愿动词可充当谓语或谓语中心语，例如，"我愿意""我很愿意"；可以单独回答问题，例如，"你敢这样做吗？敢"；可出现于其他谓词性成分前充当状语，如"应该知道能上课"。

3. 趋向动词

趋向动词表示动作为进行的趋向，有单音的和双音的两类（如表2-1）。

表 2-1　单音趋向动词和双音趋向动词

	上	下	进	出	回	过	起
来	上来	下来	进来	出来	回来	过来	起来
去	上去	下去	进去	出去	回去	过去	—

趋向动词可以作谓语。例如：

小红进来了　爸爸回来了　你该起来了

也可用在其他动词或形容词后作趋向补语。例如：

拿来一幅画　走进教室　天气暖和起来了
拿出来一幅画　拿出一幅画来

趋向动词可以带表动作行为主体的宾语。例如，"回来五个人"。单音趋向动词可以带表处所的宾语。例如，"回湖南""上高速""进厨房""过北京西站"。

把"起来""下去"这类双音趋向动词置于动词或形容词后，除了能够清晰地表示动作进行的趋向，还能够表动作、状态的"开始"或"继续"，在这种情况下，双音趋向动词的趋向意义已经虚化。例如：

①人民的生活富裕起来了。
②我们跳起来吧。
③天色暗下去了。
④你快说下去。

不难发现，上述前两例的双音趋向动词表"开始"，后两例的双音趋向动词表"继续"。

4. 状态形容词

"不"及程度副词不能用于修饰状态形容词。例如：

①河里的水冰凉的。
　★河里的水不冰凉的。
②他的脸蛋红扑扑的。
　★他的脸蛋不红扑扑的。

除此之外,形容词中还有少量如"全""多""少"等不定量形容词。

(四)动词的重叠

动词重叠指的是为了表达特定意义,将动词重叠使用。动词的重叠具有特别的表达功能。

1. 动词重叠的方式

单音节动词重叠时,重叠的部分读轻声。如"望望"(wàngwang)、"学学"(xuéxue)、"看看"(kànkan)。其重叠词中间还可加"一",如"望一望""看一看。"

双音节动词以词为单位进行重叠,重叠后,第一个音节重读,第三个音节次重,第二和第四音节轻读。如"研究研究"(yánjiu yánjiu)、"讨论讨论"(tǎolun tǎolun)。

2. 动词重叠的语法意义

之所以将动词重叠,其主要目的是表示"少"——动作持续时间短、行为产生频率低。

(1)若动词表持续性动作,那么重叠后的语法意义就表示动作持续时间短。例如:

①小宝宝向窗外望了望,一个小伙伴也没有。
②赵云难为情地笑了笑,立马走了。
③他朝里看了看,二话没说就推门进去了。

(2)若动词表非持续性、可重复的动作,那么重叠后的语法意义就表示行为产生频率低。例如:

①爸爸敲了敲桌子,告诉小敏要认真做作业。
②小雨扯了扯妈妈的袖口,想让妈妈带她离开。
③听到妈妈喊他,小李点了点头,没回应。

3. 动词重叠的表达功能

将动词进行重叠能够表达出特定的意义,因此动词重叠具有极强的表达功能。需要特别注意:动词重叠的表达功能和动作发生的时间密切相关。

(1)用于动作未然时,表示动作还没有发生。此时动词重叠的功能是缓和语气,从而以一种令人接受的方式向倾听者委婉地表达出自己的主观想法。例如:

①我的衬衫找不到了,你帮我找找。
②你叫他在外边等一等。
③你看看,外面的天好蓝。
④特殊情况,只好暂时挤一挤。
⑤稍等,我去去就来。

用在表愿望的"想""打算""希望"等动词后的动词重叠形式也有上述功能。例如:

①我想出去看看。
②我打算去大姑妈那里,听听她到底怎么说。
③我希望去你那里住一段时间,散散心。

动词重叠能够具备以上功能,主要源于其具有"少量"的语法意义。表达者可以通过动词重叠委婉地表达自己的请求、愿望、命令,既能够明确表示该事情较为轻松、不难做到,也能够让倾听者更容易接受。此外,动词重叠读轻声,还有助于缓和语义。例如:

①爸爸,这段话中有很多生字,你给我念念。
②爸爸,这段话中有很多生字,你给我念。

读来可以轻松体会到,第一个句子的语气客气得多。

倘若还没有发生的动作是较为随意的、不特别严肃的,也会用动词重叠式。例如:

①我想跟你聊聊。
②我想跟王芳聊,不想跟你聊。

例①是较为随意的,好像是要随便"聊聊";例②的语气、态度都严肃得多。

动词重叠后加上"看",具有尝试的意思。例如:

我第一次做这道菜,你来尝尝看。

(2)用于动作已然时,通常会在重叠的动词之间加"了",如"拍了拍""打了打"。这种情况下,动作持续时间非常短,甚至只是一瞬间的事情。通常出现在以下两种情况中:

第一,部分人体动作具有约定俗成的意思,如点头表示肯定、同意或打招呼,挠头表示想办法、无可奈何,拍大腿表示着急,拍肩膀表示关系亲密,耸肩表示没有办法,皱眉表示思考、不满意,伸舌头表示害羞、不好意思,噘嘴表示生气、撒娇,眨眼睛表示调皮、困惑等。以上动作及其所表示的意思可以用"体态语""身势语"来总结。如"点头—点点头""挠头—挠挠头"等,持续时间短,可用动词重叠来表示。例如:

①爸爸摇摇头,让小明继续完成这道题。
②李明拍拍我的肩膀,让我继续加油。
③王琴见了我只点点头,没说话。

第二,用于持续时间很短的动作。例如:

①他从地上爬起来,掸了掸身上的灰尘。
②我看了看那个人,扭头就走了。
③张厂长劝他留下来,向他摆了摆条件。

以上动词重叠所表示的动作较为随意。以例③为例,倘若将例句改为"张厂长劝他留下来,并且向他摆了有利条件和不利条件。"读之不难发现,语气严肃很多。

在表示已然动作时,倘若该动作无法在瞬时完成,则不可用动词重叠形式。例如:

★我们昨天听了听他的演讲。
★我昨天晚上看了看电影。
★我按照妈妈的要求洗了洗所有碗。

不是短时的动作也不能用动词重叠形式。例如:

★我去年冬天去日本玩了玩。

(3)重叠动词能够用来表示经常性的、无时间限制的动作。此时句子读之通常带有"轻松""随意"之意。在这种情况下,一般是几个句子连起来使用。例如:

①老赵非常向往这样的退休生活,平时弹弹古筝,听听音乐,看看书,钓钓鱼,喝喝茶,看看电影。
②工作已经结束,刷刷牙、洗洗脸,他就准备睡觉了。
③跑跑步,跳跳绳,运动运动,晚上就不会失眠了。

如果动词重叠并不用来表动作持续时间短或行为频率低,那么可以在重叠动词前加表时间长的状语。

①这里的风景这么美,你可以多看看,再感受感受。
②经常跑跑步、跳跳绳,有益于强身健体。
③这件事你要多听听爸爸的意见。
④你要彻底挖一挖思想根源。

4. 可重叠动词的性质

判断动词能否重叠,需要对该动词的性质进行判断。并且,由于表达功能的不同、语言环境的不同等,可重叠的动词也不尽相同。

(1)通常而言,可重叠使用的是动作动词,且多为"拍""跳""看"等持续性动作动词和自主动作动词。

还有一些动词通常表示非自主动作,倘若重叠使用,则表示一种可控制的自主动作。例如:

不要去安慰她,让她哭哭吧!

通常情况下,由于感受到痛苦、悲哀、激动等情绪而想要流泪——"哭",此时这种情绪一般不受控制,可以认为是一个非自主动作动词。但在上述例句中,"让"的使用使得"哭"成了自主动作。

姑姑,你醒醒!

"醒"也是不能控制的,只有在叫醒一个人,"使之醒"时,才可以用重叠形式。

你咳嗽咳嗽,兴许能把痰吐出来。

和"哭""醒"一样,"咳嗽"一般也是非自主动作,在上述中,为了将痰咳出来,"咳嗽"变成有意进行的动作,即自主动作。

需要特别注意的是,非自主动作动词不能重叠。例如:

★拿到奖牌后她激动得哭了哭,心情很快就平复了。

只能说:拿到奖牌后她激动得哭了一会儿,心情很快就平复了。

★爸爸刚才睡了睡,很快就醒了。

只能说:爸爸刚才睡了会儿,很快就醒了。

(2)表尝试意义时,部分非持续性、非自主动作动词也能进行重叠。例如:

①你敢打他,你打打他试试,有你受的。
②剁肉并不可怕,不信你剁剁试试。
③你摔摔这个瓶子,看会不会摔碎。
④你叫他养养孩子,他就知道养孩子有多不容易了。

(3)部分表心理状态的动词和形容词也可用作动词重叠。例如:

①知道你一直想要这个礼物,我便买了,让你高兴高兴。
②你们下来凉快凉快吧。

(4)口语中的动词和单音节动词较常用作重叠形式,书面语及双音节动词的重叠形式不是很多。因此,实际上,动词重叠形式在日常交流的语言中较为常见。

5. 动词重叠的句法特点

(1)表动作正在进行的动词,不能重叠使用。例如:

*他们听一听音乐呢。
*小红正在看看电视。

(2)重叠的动词通常作谓语,也可作主语和宾语。例如:

①看看是可以的。
②她总喜欢多看看,多听听,增长见闻。

重叠的动词一般不作状语和补语。
(3)重叠动词很少用否定形式,否定的用法多出现于下述两种情况:
第一,在疑问和反问句中,有埋怨的意味。例如:

①你怎么下班没等等我?
②你也不想想,她说的话有几句是真的?

第二,在下面这种表示假设、条件的紧缩句中,动词重叠形式的否定用法一般都含有"应该"的意思。

①这种情况不研究研究就弄不明白。
②对这种人,不教训教训不行。

6. 动词的其他叠用方式

(1)"V来V去"式
动词可以和某些趋向补语构成叠用形式,表示动作反复或交替进行。如动词后加上"来、去":

①我想来想去,这么做不妥。
②植物园里,蝴蝶在花丛中飞来飞去。
③广场上,孩子们跑来跑去。
④小明焦急地走来走去,像热锅上的蚂蚁。

也可以是两个同时发生的、意义相关的动词与"来、去"一起用。例如:

他们两个推来挡去,奉献了一场精彩的乒乓球比赛。

动词后加上"过来、过去":

这点事情他说过来说过去不晓得说了多少回了。

(2)"V1V1V2V2"式
有些动词可以按照"V1V1V2V2"式重叠使用,如"比比画画""来来往往""拍拍打打""推推搡搡""拖拖拉拉""游游逛逛""打打闹闹""说说笑笑"等。当动词采用"V1V1V2V2"式重叠用法时,形式、功能和形容词很类似。

作谓语,后边常常有"的"。例如:

①小芳一天到晚嘻嘻哈哈的,什么事都不放在心上。
②小李做事总是拖拖拉拉的,磨叽得不行。

作状语,后边常常有"地"。例如:

①他推推搡搡地想要找茬打架。
②我们一群人游游逛逛地来到了一个大的商场。
③他们俩说说笑笑地回了家。

三、形容词

(一)形容词的意义分类

1. 一般形容词和非谓形容词

以可以在句中充当何种成分为依据,对形容词进行划分,主要划分结果如下。

(1)一般形容词

既能作谓语又能作定语的形容词为一般形容词。在现代汉语中,大部分的形容词可归类为一般形容词。一般形容词可以充当多种成分,主、谓、宾、定、状、补,均可。一般形容词中的大多数还可以受程度副词修饰,如"特别好看"。

(2)非谓形容词

非谓形容词只能作定语修饰名词,后面一般用"的"。这类形容词又被叫作区别词、属性词。非谓形容词有:

金 银 棉 夹 单 横 竖 正 副 男 女 雄 人为 万能 四方 同步 有限 无限 袖珍 一切

基本 根本 初级 中级 高级 老式 新式 黑白 彩色 纯粹

小型 中型 大型 短期 长期 私营 国营 绝对 相对 民用

军用 中式 西式 低频 高频 人工 天然 慢性 急性 次要

主要 共同 个别 单项 多项 无记名 多年生 多功能

一般形容词和非谓形容词的区别表现为：

第一，一般形容词可以作主语、谓语、宾语、定语、状语、补语等语法成分，非谓形容词只能作定语成分修饰名词。

第二，一般形容词表否定通常用"不"，如"不漂亮""不好看"；非谓形容词表否定通常用"非"，如"非必要""非典型"。

第三，一般形容词可以用程度副词"很""十分"等修饰，如"很漂亮""很好看"；绝大多数非谓形容词不可以用程度副词"很""十分"修饰，如"很人工""十分次要"这种说法是不对的，但也有个别非谓形容词可以用程度副词"很""十分"等修饰，如"很有限""极个别"。

非谓形容词在形容词中的占比极少，但随着科学技术的发展，一些用来构成科技名词的非谓形容词正不断出现。

（3）"多""对""错"等形容词

除了上述一般形容词和非谓形容词，还有极少部分以"多""对""错"等为代表的形容词，这类词不可单独用来修饰名词，如"多窗户"显然是不对的。这类词要么作定语，使用的时候与副词结合，如"很多窗户"；要么作谓语和补语，如"流程错了"。

2. 性质形容词和状态形容词

按表达功能可以作如下分类：

（1）性质形容词

"大家族""白雪""朴实的农民"等都属于性质形容词，不难看出，这类词一般用来表示事物的性质。在实际使用中可分为两类，即单音节形容词和双音节形容词。

（2）状态形容词

状态形容词主要有五类。第一，AA 式，如蓝蓝；第二，ABB 式，如黄澄澄；第三，AABB 式，如漂漂亮亮；第四，ABCD 式，如稀里糊涂；第五，AB 式，如雪白。

3. 正向形容词和负向形容词

我们把"熟、快、聪明、美、积极、好、热、高、厚、粗、长、大、胖"等称为正向形容词，把"生、慢、笨、丑、消极、坏、冷、矮、薄、细、短、小、瘦"等称为负向形容词。

在比较句中,用"没有"表示比较时,通常只用正向形容词。例如:

①小芳没有小李高。
★小芳没有小李矮。
②我没有小云漂亮。
★我没有小云丑。
③小美没有小王大吧?
★小美没有小王小吧?

需要特别注意的是,表人体"胖瘦"及天气"冷热"时无上述的限制要求。在与表示状态意义的趋向补语连用时,也会因形容词的方向性不同而不同。

(二)形容词的语法特征

(1)经常充当谓语、谓语中心语、定语和状语,一部分形容词也能作补语。例如:

①我看清楚了。
②泉泉是个聪明的孩子。
③小禾很优秀。
④他们轻松地说笑着。

(2)不能带宾语。有些词兼有形容词和动词两类词的功能:作为形容词用时,可受程度副词修饰,但不能带宾语;作为动词用时,能带宾语,但不可受程度副词修饰。例如:

①端正态度
态度比较端正
★比较端正态度
②繁荣市场
市场很繁荣
★很繁荣市场

（3）大多数情况下能受程度副词修饰。例如：

很优秀　相当诚恳　非常棒

需要特别注意的是，对于性质形容词重叠式和状态形容词而言，因为其本身已经含有或轻或重的程度意义，所以它们不能再用程度副词修饰。

（4）大多数形容词能重叠。
单音节形容词重叠式：AA（儿）

迟迟　重重慢慢儿

双音节形容词重叠式：AABB

漂漂亮亮　白白净净　痛痛快快

少数双音节形容词还有"A里AB"式，这些词多表示贬义。

古怪—古里古怪　　　慌张—慌里慌张
糊涂—糊里糊涂　　　小气—小里小气

状态形容词本身就带有状态或程度义，不可重叠，可反复。反复时表强调，这是修辞中的反复辞格，不是构形重叠。例如，"火红火红""乌黑乌黑"。

(三)形容词与其他词类兼类的问题

1. 形容词兼副词

有些形容词在修饰动词或形容词时，意义有所改变，语法功能也与副词相同，这时应属于副词。主要列举如下：

干(徒然)：他只能干着急。

早(很久以前)：我老早就来了。
偏(只有、就)：本来没什么事儿，你偏要生气。
快(时间接近)：李媛快回国了。
真(的确、实在)：这人真好。
光(只、单)：不能光说不做。
白(徒然)：这道题又白做了。
全(都)：所有问题我全答对了。
老(总是)：小明怎么老不听话？
怪(很、非常)：你这个人怪好玩的。
直(不断地)：他吓得直哆嗦。
死(不灵活、程度高等)：你犯了错误还死不承认。

这些副词都只用于口语。

2. 形容词兼动词

形容词如果能带宾语(常表示使动意义)或能按动词的重叠方式重叠(ABAB式，表尝试、短时等义)，就兼属动词类。主要列举如下：
(1) 能带宾语，能按动词重叠方式重叠并有形容词重叠式的：

短　多　静　饿　松　平　斜　正　弯　壮　红
横　通　累　省　光　匀　宽　温　烫　直　冷淡
安定　平静　富余　清楚　摇晃

(2) 能带宾语，能按动词重叠方式重叠，无形容词重叠式的：

普及　集中　便利　滋润　密切　繁荣　突出　调和　健全　满意
严格　固定　纯洁　平均　壮大　疏远　深入　清醒　肯定　可怜
开阔　讲究　孤立　统一　缓和　公开　坦白　充实　习惯

（3）能带宾语，不能按动词重叠方式重叠，但有形容词重叠式的：

  苦 少 多 脏 黑 乱 厚
  模糊 勉强

（4）能带宾语，不能重叠的：

  固执 坚定 焕发 涣散
  差 错 对 瘸 瞎 聋

（5）不能带宾语，能按动词重叠方式重叠，并有形容词重叠式的：

  漂亮 干净 舒服 愉快 痛快 唠叨 轻松
  亲热 安静 凉快 热闹 高兴

3. 形容词兼名词

当形容词可以指称某具体事物，或者具备名词的某个语法特征时，这类形容词就兼名词。主要列举如下：

  苦 竖 横 烦恼 痛苦 热闹 方便 保险
  便宜 秘密 困难 规矩

四、区别词

区别词主要用于表示事物的属性，具有分类功能。

（一）区别词的构词形式

1. 单音节

  阴 阳 荤 素 正 副 男 女 雌 雄 公 母

2. 双音节和多音节

（1）附加式

附加式区别词有一定的构成模式，具有较强的能产性，因此在区别词中占有较高的比率。常见的附加式区别词如下：

① 有：有色 有轨 有声 有线 有机
② 超：超等 超额 超大型 超薄 超导 超级
③ 等：上等 优等 头等 甲等 高等 初等
④ 性：突发性 先天性 神经性 全球性 慢性 活性 假性
⑤ 级：世界级 国家级 大师级 部级 甲级 特级 初级
⑥ 型：应用型 技能型 复合型 外向型 小康型 轻型 大型
⑦ 式：花园式 自由式 拉网式 新式 男式 西式 中式
⑧ 非：非正义 非正规 非本质 非理性 非法

（2）复合式

人造 万能 袖珍 椭圆 木质 机动 经典 野生

因为区别词表属性，而属性中常含有对立性质，所以通常情况下，区别词自成组或者成对出现。例如：

男、女 单、双 金、银 雌、雄
有期、无期 阴性、阳性

（二）区别词的语法特征

（1）相当一部分的区别词能够作为定语，直接对名词或名词短语进行修饰；还有一部分区别词可以在其后加"的"，形成"的"字短语。列举如下：

慢性肺炎—慢性的　西式服装—西式的　野生黄鱼—野生的

先天性心脏病—先天性的　大型企业—大型的　女同学—女的

（2）区别词不能作谓语、主语、宾语，但是组成"的"字短语后则可以。例如：

男的都来了　他的病是先天性的　我要买西式的

（3）否定时用"非"，不用"不"，不能受程度副词的修饰。例如：

正：非慢性肺炎　非正式会谈　非大型企业
误：很非法　很初等　很有期　不阴性　不西式

五、副词

副词是从时间、程度、范围、情态、语气等方面，对动词、形容词起修饰、限制或补充作用的一类词。

（一）副词的意义分类

1. 时间副词

顿时　曾经　忽然　马上　立刻　就要　先
终于　已经　早已　才　刚刚　正在

2. 程度副词

很　稍稍　略微　相当　非常　十分
几乎　更加　分外　太　挺　极其　有点

3. 范围副词

独　总共　一共　一律　一概　一齐　净

单　光　仅　只　统统　全　都

4. 情态副词

赶忙　悄悄　胡乱　断然　肆意　百般　大力
默默　公然　擅自　猛然　竭力　亲自　尽情

5. 语气副词

难道　何尝　究竟　恰恰　简直　幸亏　居然
果然　干脆　索性　简直　偏偏　可　却

6. 肯定否定副词

不用　勿　不必　无非　未必　未曾　非
没有　没　不　必然　准　的确　必须

7. 频度副词

永远　再三　一向　往往　从来　始终　老是
经常　常常　一再　也　还　又　再

(二)副词的语法特征

(1)副词的主要功能是修饰动词或形容词,作状语。例如:

老刘顿时醒悟过来了。
小美忽然跑了过去。
李元简直太坏了!
这件衣服非常合适。

部分副词也可以修饰数量短语,表示说话人对某数量的看法和态度。例如:

这次考试才考了五十分。
你都二十岁了,还这样!

只有"很"和"极"除了能充当状语之外,还能充当补语。例如:

这段时间小美心情好得很。
小美这几天精神好极了。

（2）绝大多数副词不能单说，只有"也许、大概、的确、果然、不、没有、有点儿、当然、马上"等少数副词在省略句中可以单说。例如：

刘娜走了吗？已经
刘娜走了吗？也许/大概/没有

（3）部分副词具有关联功能。起关联作用时，有的独用，有的成对使用，也有的与连词配合使用。例如：

① 独用：不去也可以　　说清楚再去　　想走你就走
　　　　说了又说　　这样更没有道理
② 成对使用：也好也不好　　越忙越乱　　又白又胖
③ 与连词合用：不论……都　　　　虽然……却
　　　　　　　即使……也　　　　如果……就
　　　　　　　只有……才　　　　不但……还

（三）副词与其他词类的区别

1. 副词和形容词

副词和形容词的辨认方法如下：
（1）能否修饰名词
形容词可修饰名词，副词则不然。例如，"美丽的彩虹""漂亮的孩子"，而不能说"猛然彩虹""最孩子"。
（2）充当什么句法成分
形容词除了可以充当状语之外，还可以充当定语、谓语、补语等，而副词除了"很""极"等能充当补语之外，其他的都只能充当状语。因此，凡是能作谓语、谓语中心语，又能作定语或补语的是形容词，反之，则是副词。例如：

他突然来了。
他忽然来了。

"突然"既可作状语,又可作定语、谓语、补语,如"突然事件""这件事很突然""这件事发生得很突然",因此"突然"是形容词。而"忽然"则只能充当状语,因此是副词。

另外,有一部分词,如"好、老、怪、白"等词,在修饰名词时是形容词,在修饰动词、形容词时是副词。例如:

形容词	副词
好朋友	好小气
老教授	老爱插话
怪事	怪可怜的
白衣服	白跑一趟

以"白衣服""白跑一趟"中的"白"为例,虽然是一个字,但语义和语法性质都不同,分属于两类词。因此,它们不是兼类词,而是同音词。

2. 时间副词和时间名词

由于都可以作状语,时间副词和时间名词也容易混淆。但是,时间名词可作主语、宾语、定语,副词不可以。例如:

小明曾经去过上海。　　　　小明过去去过上海。
曾经的事就别提了。　　　　过去的事就别提了。
这件事让小红想起了曾经。　这件事让小红想起了过去。

3. 动词"没有"和副词"没有"

"没有"既可用为动词,也可为副词。两者的区别主要是:
(1)否定人物或事情的存在,在句中充当谓语中心语的是动词;否定动作或性状的存在,在句中充当状语的是副词。例如:

小明没有铅笔。　　　　　　　　　　　　　(动词)
小明没有去。　　　　　　　　　　　　　　(副词)

（2）两者肯定形式不同。例如：

没有铅笔—有铅笔　　　　　　　　　　　　（动词）
没有去—去了　　　　　　　　　　　　　　（副词）

六、代词

代词是指能代替各类实词或词组、句子的一类词。

(一)代词的类别

按作用不同,代词可分为人称代词、疑问代词和指示代词。具体见下表2-2。

表2-2　代词总表

按功能分的类		按作用分的类				
代替哪些词	相当于哪些词	人称代词		疑问代词	指示代词	
					近指	远指
代名词	一般名词	第一人称	单数	复数	谁 什么 哪	这	那
			我	我们 咱们			
		第二人称	你 您	你们			
		第三人称	他 她 它	他们 她们 它们			
		其他	自己 自个儿 别人 人家 大家 家伙 彼此				
	处所名词				哪儿 哪里	这儿 这里	那儿 那里
	时间名词				多会儿	这会儿	那会儿
	数词量词				几 多少		
代谓词	动词形容词				怎样 怎么 怎么样	这样 这么样	那样 那么样
代副词	副词				多	这么	那么

(二)代词的语法特征

1. 人称代词

现代汉语中,人称代词有以"我""我们"为代表的第一人称、以"你""你们"为代表的第二人称、以"他""她""他们"为代表的第三人称。其中"我—我们""你—你们""他—他们"表单复数。

第一人称复数有两种表现形式:第一,"包括式"——咱们;第二,"排除式"/"包括式"——我们。前者指说者和听者都在其中;后者既可表示只有说者在其中,也可表示说者和听者都在其中。"我们"的适用范围比"咱们"广。举例如下:

听说村口来了个马戏团,咱们一起瞧瞧去。　　(包括式)
听说村口来了个马戏团,我们在村口等你。　　(排除式)
听说村口来了个马戏团,我们一起瞧瞧去。　　(包括式)

"你"尊称表示为"您",表示敬意。例如,先生,您好!您的复数形式不表示为"您好",口语中常说成"您几位"。例如,抱歉,让您几位久等了!

"她"的复数形式表示为"她们","他"的复数形式表示为"他们"。前者专指女性,后者既可专指男性,也可兼指男性和女性。

"自己"有以下几种用法:

(1)回指,指代上文提到过的某个对象。例如:

你这样下去,只会害了自己。
我研究了很久,自己也没弄明白。

(2)复指,与指人的名词或代词连用。例如:

都怪他自己不好。
去不去你们自己决定。

（3）泛指，用来代替句中未出现的某个不确定的对象。例如：

　　自己的事情自己做。

　　"自己"的对立意义是"别人"，第一，表说话方以外的人，如"我喜欢你，别人也喜欢你。"第二，与"自己"对举，如"做人不能太自私，只想着自己，不顾及别人。"
　　"人家"可有三种用法。第一，相当于第三人称，如"人家都上课去了，你咋不去？"第二，指说话人自己，如"人家可喜欢你了！"第三，指与"自己"相对的一方，如"衣服是穿给人家看的，要美观大方。"

　　2. 疑问代词

　　（1）疑问代词的基本用法是表示有疑而问，要求对方做出回答。例如：

　　她是谁？
　　他为什么这么说？
　　你昨天晚上去哪里了？
　　桌上放的是什么？

　　（2）某些情况下，句中虽使用疑问代词，但是并非在询问或者反问。此用法主要出现在以下三种情形中：
　　①任指用法：疑问代词代表任何人、任何事物，有强调一切的作用。例如：

　　我什么都知道。
　　我哪儿也不想去。
　　谁都找不到她。

　　②虚指用法：疑问代词代表不知道、说不出或者不想说的人或事物。例如：

　　那时好像有什么在动。
　　我似乎在哪儿见过他。

③不定指用法：疑问代词用于指代不确定的人或事物，一般都是对举的。例如：

派谁谁去。
爱怎么办就怎么办。
你喜欢吃什么就吃什么。

3. 指示代词

指示代词主要以"这、那"为基础构成，"这"类词表近指，"那"类词表远指。

这：这里　这儿　这样　这么　这些　这么样　这会儿
那：那里　那儿　那样　那么　那些　那么样　那会儿

另外，"该、另、本、某、各、每、其余、其他、别的"等也都是指示代词。

"另"既能与量词组合，如"另一类"，又能加在动词前作修饰，如"另请他人"。

"某"是不定指，表示确有所指而又没有说明，如"某人""某件事"等。

"各""每"是分指，指所有或全体中的任何一个。"各""每"均可置于动词前，如"各点一份餐""每握一次手"。各和每也有明显的区分，"各"强调个体之间的差异，"每"强调个体之间的共同点。需要特别注意的是，"各"能直接用于部分名词前，如各单位、各机构，这类名词通常表示机构或组织。

"其余、其他"用以指某些人或事物以外的人或事物。"其他"可以指人或物。

七、数词

数词是表示数目多少和次序先后的一类词。

（一）数词的种类

1. 基数词

表数目的词叫基数词。基数词分为系数词和位数词。

系数词：一 二 两 三 四 五 六 七 八 九 十 零 半

位数词：十 百 千 万 亿

系数词与位数词构成系位组合可以表达任意数目。如"五十六""三千二百九""五万"。

在现代汉语中，基数词除了可以直接来表示数目之外，还可以和其他词一起来表示倍数、分数和概数。

（1）倍数。由基数加"倍"组成，如"三倍""六十倍"等。

（2）分数。用"几分之几""几成"等表示，如"五分之二""百分之四十""三成"等。

（3）概数。又可分为：

①在数词或数量短语后加概数助词"来""多""把""上下""左右"等。例如，"六十（米）左右""四千（斤）上下""百把（条）""三千多（块）""十来（个）"。

②相邻两个基数连用。例如，"十七八（岁）""三四（个）""六七（个）"。

2.序数词

序数即次序的先后。一般是在基数前加"第、初、老"，如"第二""初五""老六"。

表示序数还可以直接用数字，具体如下：

（1）表亲属称谓排行：五妹、六叔。

（2）表年、月、日：2022年5月1日。

（3）表地址：XX小区80号楼四单元503。

（4）表等级、编号：英语四、六级（考试）、三班。

（5）表列举、分述：包括以下三点：第一，……；第二，……，第三，……

表序数的词还有其他形式，如"壹、贰、叁、肆""（1）、（2）、（3）、（4）""甲、乙、丙、丁"，等等。

(二)数词的语法特征

（1）数词通常跟量词结合使用，组成数量短语后充当句法成分。例如：

去一次　　八支钢笔　　三本书

需要特别注意的是,除了数学运算以及某些固定表达法,如"九九归一""六六大顺""一是一,二是二""七上八下""五颜六色""三心二意""九是三的三倍"等,数词不能单独充当句法成分,也不能重叠。

（2）数量短语通常用作定语、补语或状语。例如：

一把拉住　　看了一遍　　一件衣服

（3）倍数只能用来表示数目的增加,不能表示数目的减少；分数既可以表示数目的增加,又可以表示数目的减少。
①表示数目的增加。
第一,不包括底数,只指净增数。例如：

提高（了）　上升（了）　增长（了）　增加（了）

第二,包括底数,指增加后的总数。例如：

提高（到）　上升（到）　增长（到）　增加（到）

②表示数目的减少。
第一,指差额。例如：

下降（了）　降低（了）　减少（了）

第二,指减少后的余数。例如：

下降（到）　降低（到）　减少（到）

(三)数词的活用

数词的活用指数词不表示具体的数目,而表示和数目有密切关系的事物或意思。

（1）单个数词的活用。

三：有时表示"多"，如"一日不见,如隔三秋"。有时表示"少"，如"三天打鱼,两天晒网"。

九：表示"多"，如"九天九地""九霄云外"。

十：表示"多"，如"十全十美"。

百：表示"多"，如"百般阻挠""百川归海""百发百中""百废待兴""百花齐放""百家争鸣""百孔千疮"。

千：表示"多"，如"千锤百炼""千夫所指""千方百计""千军万马""千虑一得""千奇百怪""千丝万缕"。

万：表示"多"，如"万变不离其宗""万花筒""万马奔腾""万水千山"。

（2）数词联合活用，多与其他词类交错使用。例如：

一蹴而就　一鳞半爪　一无是处（表示少）

三言两语（表示少）

接二连三　三天两头（表示频繁）

挑三拣四　不三不四　低三下四　颠三倒四　朝三暮四
推三阻四　说三道四　丢三落四（包含贬义）

七嘴八舌　七手八脚　杂七杂八　七上八下　七拼八凑
七扭八歪　横七竖八　乱七八糟（表示杂乱无章）

千头万绪　千刀万剐　千变万化　千辛万苦　千言万语
千锤百炼　千方百计　千疮百孔（表示多）

百闻不如一见　万里挑一　九死一生（表示对比悬殊）

数词的活用多种多样，其中不少是成语或者熟语，因此，不能随意创造，而需要准确记忆。

八、量词

量词是用来计量人、事物或动作行为的单位的词。

（一）量词的种类

量词首先分为单纯量词和复合量词两类。单纯量词又包括物量词、动量词、时量词。表2-3是量词分类系统表。

表2-3 量词分类系统表

量词的类别				举例
量词	单纯量词	物量	专用	
			个体量词	个 本 只 条 位 把 根 张 支 架 块 颗 艘 件
			集合量词	批 群 帮 套 双 付 打 束 簇 副 对 伙 丛 叠
			类别量词	种 类 样 等 级 路 品
			度量衡量词	克 千克 吨 米 厘米 千米 立方米 斤 尺 寸 亩
			借用 借自名词	桶 碗 盒 床 杯 尾 船
			借自动词	捆 串 卷 记 拨 担 扎
		动量	专用	下 次 趟 遍 番 顿 回
			借用 借自名词	口 眼 拳 脚 刀 枪 笔
			借自动词	看了一看 想了一想 说了一说
		时量		分 分钟 秒 秒钟 周 季
	复合量词	相乘		架次 人次 吨公里 秒立方米
		选择		件套 台套 台件 篇部 篇本

(二)量词的语法特征

(1)量词要和数词一起用,构成数量短语,作定语、状语、补语等。例如:

(三本)书　〔一把〕拉住　去＜一趟＞

当量词前的数词是"一"时,"一"可以省略,这时量词才可单独作句法成分。例如:

我买了件衣服给你。
我想有个家。

(2)大多数单音节量词可重叠,重叠后作主语、定语、状语、谓语等成分。例如：

  个个是好汉 （作主语）
  条条大路通罗马 （作定语）
  花香阵阵，渔歌声声 （作谓语）

（3）复合量词构成的数量短语大都用在"是""有""为"等动词后作宾语。例如：

  参加这次马拉松的有三千人次。

九、拟声词和叹词

拟声词和叹词是现代汉语中两个比较特殊的分类，它们经常单独使用，充当独立语或单独成句。

（一）拟声词

1. 拟声词的作用

拟声词也称象声词，是指用语音来模拟事物或自然界的声音以及描写事物情态的词，如"哗啦哗啦"（雨声）、"嘀嘀嗒嗒"（号声）、"哗哗"（流水声）、"叮咚"（滴水声）、"轰隆"（炮声）、"砰"（枪声），等等。

拟声词可以增添声音的真实感和语言的生动性。例如：

  ①风卷起砂粒打得车篷噼啪作响。
  ②"轰"一声，房屋倒了。
  ③春雨唰唰地下着。
  ④山崖上的土哗哗往下落。
  ⑤咚，咚，咚，有人敲门。

需要特别注意的是，拟声词并不都用来表示声音，也用来表示情态的描绘，如"他的脸唰地红了"。脸色的变化是无声的，这里用"唰"来形容，非常生动地突出了脸色转变之迅速。不难发现，拟声词可以更为突出地起到修辞作用。

2. 拟声词的分类

拟声词可以分为两类：定型的和非定型的。定型的常见的有："霍霍""萧萧""潺潺"等；非定型的常见的有："咔嗒""哗哗""嘎巴"等。前者多为叠音的双音节词，且大多数词在古代就有。如"霍霍"，形容磨刀的声音，南北朝《木兰辞》中有"磨刀霍霍向猪羊"；又如"萧萧"，模拟草木摇落的声音，唐代诗词《登高》中有"无边落木萧萧下"。这类词书写形式和所表示的声音都比较固定，不用放在具体的语境中就能明白想要表示的声音。非定型的拟声词语音形式、书写形式都不大固定，大多是模拟声音造出来的。此类拟声词离不开具体语言环境，否则难以知道其表示的声音。例如：

①忽听砰砰的打门声。
②"砰砰"两声，只听得后院传来了枪响。
③听，号声嗒嗒，鼓声咚咚。
④忽听得"咚咚咚"有人敲门。
⑤"豁啷"一声，茶碗落地。
⑥"砰啷"一声，瓶子碎了。

虽然非定型的拟声词是模拟声音造出来的，但是并不可以随意创造，因为这些拟声词表示的声音基本上是固定的，如"咚咚"——敲门声，"扑通"——落水声，"轰轰"——炮声，"噼里啪啦"——鞭炮声，"嘀嘀"——哨声、汽车喇叭声，"哗哗"——流水声、雨声，"砰砰"——枪声，等等。在具体使用过程中，要尽量选取通用的、常用的拟声词。

3. 拟声词的语法功能

（1）拟声词主要作状语，修饰谓语动词，可以加"地"也可以不加"地"。例如：

①枪叭地响了一声，吓跑了周围的群众。
②墙上的时钟嘀嗒嘀嗒走着。
③天气严寒，战士们冻得牙齿嗒嗒地响。

（2）作定语,拟声词后一般加结构助词"的"。例如:

①山涧传来潺潺的水声。
②除夕夜到处都是噼里啪啦的鞭炮声。

（3）作谓语。例如:

①大街上车轮子轰隆隆的。
②小高岭上硝烟弥漫,炮声隆隆。

（4）作补语,在拟声词后一般加"的"。例如:

①女孩儿见奶奶将她锁在屋里,急得嗷嗷的。
②窗外的风呼呼的,好似在怒吼。

（5）作主语,较少用。例如:

他的叽里呱啦是出了名的,厂里谁不知道?

（6）作复指成分。例如:

"哗,哗,哗",划船的声音越来越远了。

（7）拟声词也可以独立使用。例如:

①"突突突……"一辆摩托车飞驰而过。
②"砰!"子弹从耳边飞过。

(二）叹词

叹词是用来表达强烈感情或者表示呼唤应答的词。如应答时用的"嗯",感到疼痛时用的"哎哟",感到惊喜时用的"哇",不屑时常用的"哼"等,都是叹词。

1. 叹词的特征

（1）叹词较为特殊，其既非实词，也非虚词，可以独立充当句子成分，而不与句子中的任何成分发生关系。尽管如此，每一个叹词都有其特殊意义，其是以句子为依托的，在特定的语境下表达一定的意思。例如：

①她打开门一看，啊，花儿全开了。（惊讶）
②唉！小小年纪就离开学校了。（叹息）
③啊哟哟！别踩我脚啊！（焦急）

（2）叹词通常位于句首，后面用逗号或叹号。例如：

"啊呀！天底下竟然有这样的人。（惊讶）

有时，叹词可放在句子中间或者末尾。例如：

①你为什么要这么做呢？啊？
②这些小家伙，哎呀！真好玩儿。
③你竟然是这样的人，哼！

（3）叹词表达感情的复杂性。汉语的叹词大概有三十多个，同一个叹词，将其置于不同的语境中，随着语调的变化，可以有不同的意思表达。例如：

①（大叫）啊——！（语调高降）
②好好睡觉，啊，小禾！（嘱咐，平调）
③啊，就这样吧。（认可，语调低降）
④啊，原来是这样。（恍然大悟，语调舒缓）
⑤啊！你说什么？（追问，语调高扬）
⑥啊，明天就是周六了！（惊喜，语调高扬）
⑦啊，是你呀。（微惊，语调低降）

（4）在书面上叹词的写法不固定。疼痛时用的 /āiyō/ 可写作"哎哟"或"哎唷",应答时用的 /āi/ 可写作"哎"或"欸"。有时同一叹词发音也不一致,如"欸"可发作 /ɑi/ 或 /ei/。

2. 叹词列举

（1）表示得意、高兴、欢乐

嘿嘿 /heihei/、嗬嗬 /hoho/、哈哈 /hɑhɑ/,语调低降、短促。多用于直接引语中,有时形容笑声。例如:

①嘿,被我说着了吧。
②"嘿嘿,俺还挺喜欢你的。"梁宁笑着对燕子说。
③嗬嗬,这批买卖做成了,咱们就发财了。
④哈哈,终于让我逮着机会了。

（2）表懊恼、叹息、哀伤

唉 /ɑi/（语调低降、舒缓）,表示叹息、哀伤。例如:

①唉,我对不起你们。
②唉,这真是一笔不小的损失啊。

咳、嗨 /hai/（语调低降）,表示叹息、不满、懊恼。例如:

①嗨,跟你一比,我这工作可差劲多了。
②咳,别提了,您看我把这事儿办的。

（3）表示赞叹、羡慕

喝、嗬、呵 /he/（语调降）多用于当面高声称赞。例如:

①嗬!好小子,出息了啊。
②嗬,变化真大!我大概有十年没回学校了。

啊 /ɑ/（语调降）,表示感叹。例如:

①啊,能自由呼吸真好啊!
②啊,颐和园的景色好美啊!

嗯 /en/（语调低降）,一般用于低声赞许。例如:

①嗯,你这段时间表现不错。
②嗯,你这次考试成绩还不错,语文考了 98 分。

啧、啧啧,多用于对第三者的称赞或羡慕,此时不单用,通常是两个或三四个"啧"连用。例如:

①啧啧啧,这么热的天还在室外工作,真不容易。
②啧啧,看人家小姑娘字写得多漂亮。

在表示不满、不耐烦、同情、心疼、可怜对方或第三者时,通常只说一个"啧"。例如:

啧,这点事都办不好!

（4）表示惊讶

哎呀 /aiya/、哎哟 /aiyo/、喔哟 /oyo/（语调低降、短促）,可表示吃惊、焦急,也可表示惊喜、惊惧。例如:

①喔哟,刮这么大的风,你还跑过来了。
②"哎哟,"小云摸了一下自己受伤的大腿。
③哎哟,我的衣服落在操场上了。
④哎呀,我的文具盒不见了!
⑤哎呀,你在这儿呢!
⑥哎呀,咱可算见着了。

哎哟、喔哟 /oyo/,还可以表示疼痛时的呻吟。例如:

①喔哟,腿又抽筋了。
②哎哟,伤口疼。

呀 /ya/(语调低降、短促),多用于突然发现意想不到或不利的情况。自言自语、对话都可用。例如:

①呀,怎么会这样?
②呀,夜里下大雪了。

哦 /o/(语调曲折,先降后升),对听到的情况表示惊疑。例如:

①哦?是吗?小姑娘真够优秀的。
②哦?他们家闺女大学刚毕业就结婚了。

嗬 /ho/(语调高降),表示对突然出现的新情况的惊讶。例如:

①嗬,才五点你就回来了。
②嗬,新盖的小洋楼真漂亮。

喔 /o/(语调高扬),表示惊讶。例如:

喔,他没考上大学吗?

哟 /yo/,表示轻微的惊异(有时带有玩笑的语气)。例如:

①"哟,袋鼠。"我惊喜地叫道。
②哟,认错人了。
③哟,挂住我的衣服了。

嚯 /huo/,表示惊讶或赞叹。例如:

①嚯!这小胖子真够沉的。
②嚯,这儿的人真多!

咦 /yi/,表示奇怪。例如:

①咦!你都回来了!
②咦?你怎么来了?不是病了吗?

(5)表示不同意、埋怨或申斥
嗳 /ai/(语调曲折,先降后升),表示不同意对方意思。例如:

嗳,时间长了人总是会变的嘛。

哎呀 /aiya/(语调下降或曲折,先降后升),表示埋怨。例如:

①哎呀,好好的一件衣服,给扔了。
②哎呀,怎么弄的,满身都是泥。

哼 /heng/(语调低降、短促),表示不满或申斥。例如:

①哼,你简直是胡搅蛮缠。
②哼,你别不识好歹。
③哼,你还睡懒觉哇,这都中午12点了。

(6)表示轻蔑、不满或气愤
哼 /heng/(语调低降、短促),表示不满、气愤。例如:

①哼,你还知道回来啊。
②哼,随他去吧,看他能折腾出什么来。
③哼,你要再这样,我就不理你了。
④哼,你还想靠他养老。

呸 /pei/（语调高平或高降），表示唾弃或斥责。例如：

①呸，瞧你干的那些龌龊事。
②呸，他才不是那样的人呢。

喝、呵 /he/（语调高平或高降），表示不满，语调高时有讽刺意味。例如：

①呵，你又捞了一把。
②呵，你怎么老爱翻旧账。
③呵，你运气倒不错，心想事成。

（7）表示醒悟、领会

噢 /o/（语调低降），表示领会。例如：

①噢，我想起来了。
②噢，我懂了。
③ A：喂，您哪位？
　 B：噢，是陈秘书啊。

"噢"语调下降、拉长，表示终于明白了。例如：

①噢，想起来了，怪不得感觉在哪儿见过呢。
②噢，您是韩国人，抱歉，没看出来。
③噢，原来是这么回事。

嗯、唔 /wu/（语调低降），表示领会。例如：

①唔，原来是这样。
②嗯，知道了，我会尽量帮他的。

啊 /ɑ/（语调低降、舒缓，声音拖长），表示恍然大悟而又吃惊。例如：

①啊,您也天天在食堂吃饭啊。
②啊,是这么回事。
③啊,原来如此。我顿时惊呆了。

(8)呼唤,应答

嗳 /āi/（语调高扬）,表示招呼或提醒对方注意。例如：

①嗳,后边儿的人快跟上。
②嗳,你们到这儿来。

嗳（语调低降、舒缓）,表示答应或同意。例如：

①嗳,行,你说啥就是啥吧。
②嗳,我在这儿,马上来。

嗯 /en/（语调低降）,用于答应。例如：

①他应了声"嗯",继续干手里的活儿了。
②嗯,好的,这周末去你家。
③ A：你自己来的？
B：嗯。

哎 /ɑi/（拖长声音,语调先高平后下降）,可用于呼唤。例如：

①哎,小刘,快到我这儿来。
②哎,李明,你们在哪儿呢？

喂 /wei/（语调低降）,用于招呼,也可用于打电话（语调可下降,也可高扬）。例如：

①喂,信号不好,您能听见吗？
②喂,您哪位？

③喂,来吧,一起吃饭。

嘿(嗨)/hei/（语调低降）,表示招呼或提起注意。例如：

①嘿,小芳,咱们一起回家吧。
②嘿,瞧我这记性。
③嘿,明明,你看那儿新开了家超市。

（9）表示追问或出乎意料
嗯 /en/（语调上升）,表示出乎意料,也可用于追问。例如：

①嗯,原来他们是堂兄妹,怪不得长得有点像呢。
②嗯,怎么闹钟又不响了？
③见完面了,你到底中意不,嗯？别不好意思。
④嗯,说话呀,怎么了？

啊 /a/（语调高扬）,表示因听不清楚而追问。例如：

①啊,什么事,再说一遍。
②啊,你说什么？我没听清楚。

第三节　现代汉语中的各类虚词研究

一、介词

介词附着在体词性成分前（少数可用在谓词性成分前）构成介词短语,整体表示时间、对象、处所、依凭、比较、施事、原因等。

（一）介词的类别

介词不可单独使用,也不可单独充当句子成分,其必须以介词短语的形式出现在句中。常见的介词有：

表示时间：自 从 在 当
表示对象、关联：与 对 同 跟 和 至于 关于 对于
表示处所：朝 向 从 在 沿着 顺着
表示依凭：凭 以 用 经过 通过 按照 根据 依照
表示比较：较 比 较之于
表示施事、受事：将 把 为 给 让 叫 被
表示排除：除 除了
表示原因、目的：为 因 为了 因为

（二）介词的语法特征

介词短语的主要功能是充当状语，少数可以充当补语或者借助于"的"作定语。例如：

〔在教室〕看书　　　　　　　（表示处所）
〔用砂锅〕炖鸡汤　　　　　　（表示凭借的工具）
〔对孩子〕的思念　　　　　　（表示对象）
〔从早上〕工作＜到晚上＞　　（表示时间）

（三）介词与动词的区分

很多介词是从动词虚化而来的，甚至有部分词仍然处于介词和动词的兼类阶段。由此，对介词和动词进行区分就显得尤为重要。具体可以采取以下标准对介词和动词进行区分：第一，介词不可作谓语，动词可以；介词不可重叠，动词可以；介词不能加时态助词"了、着、过"，动词可以。举例如下：

介词　　　　　　　　　　　　动词
①他走到门口了。　　　　　　他到门口了。
②朝天空放枪。　　　　　　　大门朝南。
③把大门打开。　　　　　　　他把着门。
④他在教室上课吗？　　　　　他在教室。
⑤医生给小明输液。　　　　　医生把处方给了小明。
⑥这里离上海有50公里。　　　他们离开了上海。

⑦我来把门看住。　　　　我来把住门。
⑧我管他叫叔叔。　　　　你别管我。
⑨通过学习,他增长了知识。　他通过了司法考试。
⑩我的硬笔书法比你差远了。　我们来比硬笔书法。

(四)几个介词的用法

1. 对、对于

(1)都是用来介绍动作的对象及有关的人和物,大多可以通用。例如:

①对(于)这个人,我没有研究。
②节约资源,对(于)国家和个人都有好处。

(2)用"对于"的地方一般可换用"对"。

①对(于)青年学生,要正确引导。
②对(于)这件事情,态度必须坚决。

(3)当"对"表示"向"和"对待"这两种意思时,只能用"对"。

①他对老师很有礼貌。
②你没对我说实话。

(4)用"对""对于"时,应注意动作的主体与客体的位置。动作主体在前,动作客体在后。下例就是错误的用法:
这段历史,对于我们是熟悉的。

2. 关于、对于

这两个词在不单纯表示对象或关涉的句子里,有时可互换。例如:

①对于这件事情的处理决定,我没有异议。
②关于这件事情的处理决定,我没有异议。

两者的区别主要体现在：
（1）表示关联涉及用"关于"，表示对待对象用"对于"。例如：

①对于我的请求，他表示同意。
②关于这段历史，可以参考以下书籍。

（2）"关于"组成的介词短语作状语，只能放在主语之前；"对于"组成的介词短语作状语，可放在主语前后。例如：

①关于这个话题，我很感兴趣。
★我关于这个话题很感兴趣。
②对于这个话题，我很感兴趣。
★我对于这个话题很感兴趣。

（3）"关于"组成的介词词组，可以单独做标题；"对于"不可以。例如：

《关于领导方法的若干问题》

3. 在

"在"常与方位名词"上""中""下"连用，如"在……上""在……中""在……下"，这类介词短语表动作、行为的时间、处所、方位、条件或范围等。例如，"在妈妈的鼓励下"，表示条件；"在这座游乐园里"，表示处所。

"在……上""在……下"中间必须嵌入的成分多是名词或名词性短语，如是动词必须是表示动作的持续或正在进行。例如：

①图纸在设计中。
②会议在进行中。
③这个课题还在研究中。

以上三例中的"在"是动词。如果"在……中"还有后续成分，充当句首修饰语时，"在"仍是介词。例如：

这座大桥在设计中,广大技术人员遇到了许多技术难题。

二、连词

连词是连接词、词组、句子和句群,以表示两者之间关系的类词。

(一)连词列举

汉语的连词数目比较多,有些多用于连接词或短语,有些多用于连接分句。连词所表示的关系大体上可分为联合关系和偏正关系两大类,前者叫并列连词,后者叫偏正连词。汉语常用连词如下(表2-4、表2-5)。

表2-4 汉语常用连词(表联合关系)

连词	搭配的词语	联合关系				连接对象		
		并列	选择	承接	递进	词	短语	分句
和		+	+			+	+	
跟		+				+	+	
与		+				+	+	
及		+				+	+	
既	既……又(也)……	+				+	+	+
以及		+				+	+	+
并					+	+	+	+
并且	不但……并且(又,还)……				+	+	+	+
而	为了……而……因为……而	+		+	+	+	+	+
而且	不但……而且(还,又,更)……				+	+	+	+
或			+			+	+	+
或者			+			+	+	+
还是	还是……还是……		+			+	+	+
要么	要么……要么……		+			+	+	+

续表

连词	搭配的词语	联合关系				连接对象		
		并列	选择	承接	递进	词	短语	分句
不但	不但……而且(还,也,又)……						+	+
何况	尚且……何况……							+
况且								+
尚且	尚且……何况……							+
宁可	宁可……也不 宁可……也要……		+					+
与其	与其……宁可 与其……不如		+					+
而况					+			+
以致				+				+
从而					+			+
于是				+				+

表 2-5 汉语常用连词(表偏正关系)

连词	搭配的词语	偏正关系						连接对象		
		因果	假设	条件	让步	转折	取舍	目的	词	短语	分句
因为	因为……所以……	+									+
因此		+									+
因而		+									+
所以	因为……所以……	+									+
既然	既然……那么…… 既然……就……	+									+
无论	无论……还是……都(也)…… 无论……或者……都(也)……			+						+	+
不论	不论……还是……都(也)……			+						+	+
不管	不管……都(也)……			+						+	+

续表

连词	搭配的词语	偏正关系							连接对象		
		因果	假设	条件	让步	转折	取舍	目的	词	短语	分句
只有	只有……才……			+					+	+	+
只要	只要……就……			+					+	+	+
除非	除非……才……不(否则)			+							+
要是	要是……就(也)……		+								+
倘若	倘若……就(也)……		+								+
假如	假如……就(也)……		+								+
如果	如果……就(也)……		+								+
但是	虽然……但是……					+					+
可是	虽然……可是……					+					+
不过	虽然……不过……					+					+
然而	虽然(尽管)……然而……					+					+
虽然	虽然……但是/可是/不过……				+						+
尽管	尽管……可是/但是……				+						+
即使	即使……也……				+						+
就是	就是……也……				+						+
哪怕	哪怕……也……				+						+
固然	固然……可是……				+						+
省得								+			+
免得								+			+

(二)几组连词的用法

1. 和、并、而

(1)一般来说,它们连接的词或词组的类别是不同的。

并:动词+动词　研究并计划　讨论并通过　继承并发扬

而:形容词+形容词　少而精　聪明而能干　温柔而美丽

和:名词/代词+名词/代词　我和你　报纸和杂志

（2）如果是两个或两个以上的动词或形容词并列在一起作主语或宾语时，中间要用"和"来连接，而不用"并"或"而"。

作主语：跳绳和跑步都是很有意思的运动。

作宾语：他喜欢干净和整洁。

2. 和、跟、同、与

这四个词一般可互换，都表示联合关系，如"小明和小芳""小明跟小芳""小明同小芳""小明与小芳"。区别在于语体色彩，"和"常用于口语、书面语；"跟"常用于口语；"同"多用于书面语；"与"只用于书面语。

3. 及、以及

"及"和"以及"常用于书面语，所连接的成分既可以是并列关系，也可以有主次之分，前项为主，后项为次，位置不能互换。例如：

①这次来参加活动的有李明、于彤、王晓及孙艳。（表并列关系）

②图书、仪器、标本及其他设备。（表主次关系）

"及"和"以及"的区别主要表现在以下几点：（1）"及"在单句内进行连接；"以及"既可在单句内，也可在分句内进行连接。（2）"及"前面不可用逗号表停顿，"以及"前面可用逗号表停顿。（3）"及"后常接"其"，"以及"后常接"其他"。例如：

①我喜欢吃香蕉、苹果及火龙果。

②他有很多兴趣爱好，如打篮球、画画、弹古筝，以及钓鱼。

4. 而、而且

（1）"而"既可连接谓词性词语，也可连接分句。例如：

①这个姑娘长得清秀而端庄。

②我已经吃完饭了，而你还没开始动筷子。

"而"前后为语义相当的两项,表并列关系、递进关系、转折关系,等等。例如:

①温柔而善良(表并列)
②经验是宝贵的,而经验的获得往往需要付出艰苦的努力。(表递进)
③简约而不简单(表转折)
④有机会可以去江苏逛一逛,由南京而镇江,而扬州,而南通。(表顺承)
⑤因错过机会而悔恨(表偏正)

(2)"而且"只表示它所连接的两项中,后者比前者在语义上进了一层,还可跟"不但、不仅"等搭配使用。例如:

①温馨而且美妙
②热心而且机智
③这件事不但我知道,而且我爸爸也知道。

(三)连词和介词的区分

"和""跟""同""与"这四个词有时可作连词,有时可作介词。具体分辨方法如下:

(1)替换法:用"他/她们俩"来替换"和、跟、同、与"及其前后的成分。如替换后,基本意义未发生改变,那么它们是连词;如替换后,意义发生改变了,那么它们是介词。例如:

A 跟 B 爱跳舞 = 他们俩爱跳舞
A 跟 B 生气 ≠ 他们俩生气

(2)换序法:互换"和、跟、同、与"前后的成分,若不改变原义,则为连词;若不能互换或意思改变,则为介词。例如:

A 跟 B 爱跳舞 = B 跟 A 爱跳舞

A 跟 B 生气 ≠ B 跟 A 生气

（3）分解法：将"A"和"B"分解开来，分别同"V"相结合。能分解的是连词，不能分解的是介词。例如：

A 跟 B 爱跳舞 ＝A 爱跳舞＋B 爱跳舞
A 跟 B 生气 ≠ A 生气＋B 生气

三、助词

助词是附着在词或短语上面表示一定的结构关系或附加意义的虚词。

（一）助词的种类

结构助词：的　地　得
动态助词：了　着　过
比况助词：一般　一样　似的
列举助词：等　等等　云　云云　什么的
其他助词：来着　的　连　给　被　所　左右　上下　多来　把　初　老　第　们

（二）助词的语法特征

1. 结构助词

结构助词主要表示附加成分和中心语之间的结构关系。结构助词的读音都是"de"，书面上写成"的""地"和"得"，分别作为现代汉语中定语、状语和补语的标志。

"的"的主要作用有：
（1）用在体词性偏正结构中，起连接定语和中心语的作用。例如：

水灵灵的眼睛　干干净净的衣服　网络的开通　我们的田野

（2）附加在名词、动词、形容词及某些短语后面,构成"的"字短语,用于指称。例如：

  国营的 你想要的 好的 买菜的 看打球的 大的

"地"用于谓词性偏正结构中,起连接状语和中心语的作用。例如：

  一个个地跑 热烈地讨论 悄悄地离开 大胆地走

"得"用在中补结构中,连接中心语和补语,中补结构中用"得"来连接的补语主要是状态补语和可能结果补语的肯定形式,另外部分程度补语也用"得"来连接。例如：

  闲得慌 胖得很 治得好 写得好 吃得好 哭得眼睛都肿了 吓得两腿发软 高兴得手舞足蹈 讲得非常好

2. 动态助词

动态助词附着在动词后面,表示动作行为进行的状态。
"了"表示动作行为的完成或实现。例如：

  皱了一下眉头 上了一堂课 看了三部电影

"着"表示动作的进行或状态的持续。例如：

  唱着歌 说着话 跳着舞

上例中的"着"表示动态的进行,可以转化为"正在/在唱歌/说话/跳舞"。再例如：

  墙上挂着一幅画 台上坐着一个人 她戴着项链

上例中的"着"表示静态的持续,不能用时间副词"正在/在"来转换。

"过"表示曾经有过某种经历。例如：

　　看过这本书　　说过这件事　　来过南通

3. 比况助词

比况助词附着在某些实词或短语的后面构成比况短语，充当定语、状语或补语。例如：

　　跑得风似的　　飞似的跑了　　暴风雨般的掌声　　白昼一样

4. 列举助词

列举助词"等"和"等等"的区别主要表现为以下三点：

（1）"等等"只表示列举未尽，"等"可表示列举已尽之后的煞尾，此时"等"后通常有量词短语。例如：

　　①这个果园里有很多树，梨树、苹果树、桃子树、枇杷树，等等。
　　②燕、赵、韩、魏、楚、燕、齐等七国为秦所灭。

（2）"等等"的前面有停顿，还可以重复为"等等，等等"；"等"的前面没有停顿。例如：

　　他抓住我的手，跟我说了好多，如要我好好学习、要我长大后好好孝顺父母、要我不开心就给他打电话，等等，等等。

（3）"等等"可用在谓词性词语后，不可用在专用名词后；"等"可用在专用名词之后，但一般不用在谓词性词语后。

"云""云云"多见于书面语，且常带贬义，多用在转引的话语之后，含不满和讽刺义。例如：

　　他们所说的"诚意"云云，全都是障眼的手段。

"什么的"主要用于口语,既可表示列举未尽,也可表示列举之后的结束,例如:

    老王工具箱里,改锉、钳子、锤子、起子的,什么的都有。

5.其他助词

"第、初、老"等前附于数词,用来表序数,如"第一""初三""老大"。"把、来、多"与数词配合使用,用来表达概数,如"这个橱柜六十多公斤重"。

"们"主要用在指人名词后表复数,本身就表示多数的词不可加"们"。例如:

    ①乡亲们……兄弟们……战友们
    ②群众们(错误示例)

"所"的作用主要有三点:(1)附于单音节动作动词前,构成"所"字短语,如"所想""所说""所见"。(2)同"的"配合,将主谓短语转化为偏正短语,如"我所知道的""大家所熟悉的"。后边接上中心词,代表受事,如"所见的事""我所知道的问题"。(3)与"被、为"等构成"被/为……所"的格式,如"被世人所唾弃""为人所害"。[①]

"被"表示被动,有介词和助词两种用法,介词"被"与其所附着的成分构成介词短语,助词"被"直接附着在动词性成分前,表示被动。"给"也有这两种用法,用于口语,加强处置性。例如:

    那支笔给拿走了。 (助词) 那支笔给妹妹拿走了。(介词)
    他被解雇了。   (助词) 他被老板解雇了。   (介词)
    他被打了。   (助词) 他被妈妈打了。   (介词)

"连"主要用于表强调,通常与"都/也"构成"连……都/也……"格式,"连"既可附着于体词性成分前,也可以附着于谓词性成分前。例如:

    这个消息,连我都没收到。   (句子的强调重音在

---

① 张登岐,彭兰玉主编.现代汉语[M].北京:高等教育出版社,2013.

"我")

这个消息,我连听都没听到过。　　(句子的强调重音在"听")

助词"的"和"来着"表示事件发生在过去,即事件在说话前发生。"的"通常用在动词和宾语之间。"来着"用于句末,表示不久前刚刚发生的事,口语中较常见。例如:

①他两个月前去的英国。
②你什么时候上的车?
③这几天你都忙什么来着?
④你想要知道什么来着?

四、语气词

语气词是附着在句末或句中停顿处,表示说话语气的一类词。

(一)语气词的类别

根据所表示的语气,可以将语气词分为以下几类:

1. 陈述语气词

　　的　喽　呗　嘛　啊　呢　吧　了　着呢　也罢
　　罢了　也好　啦

2. 疑问语气词

　　啊　吧　呢　吗

3. 祈使语气词

　　啊　了　吧

4. 感叹语气词

　　啊

（二）语气词的语法特征

附着性强，能附着在全句或句中词语的后面。

语气词常常跟句调一起共同表达语气，有的语气词可以表达多种语气，如"啊"。反之，有的语气可以用多个语气词表达，之间的差别十分细微，如陈述语气。

（三）常用语气词

现代汉语中最常用、最基本的语气词有六个：的、了、吧、吗、呢、啊，它们的用法比较复杂。这六个语气词根据句子里出现的先后次序可以分为三组，具体见表 2-6。

表 2-6　语气层次表

层次	语气词	语法意义	主要语气类别	例句
第一层	的	表示情况本来如此	陈述语气	我们不会去那里的。
第二层	了	表示新情况的出现，起成句煞尾的作用	陈述语气	他已经下课了。
			祈使语气	别睡了。
第三层	呢	指明事实不容置疑、略带夸张或表疑问	陈述语气	他在等你呢。
			疑问语气	到底去不去呢？
	吧	表示揣测或商量	疑问语气	他不会同意吧？
			祈使语气	快走吧。
	吗	表示疑问	疑问语气	你来过杭州吗？
	啊	使语气舒缓，增强感情色彩	感叹语气	真美啊！
			疑问语气	去不去啊？
			祈使语气	别动啊！
			陈述语气	他不走啊。

语气词可以连用，连用时有一定的顺序。根据句末语气词连用的顺序，可以将六个基本的语气词分为以下三组：

A：的

B：了

C：啊、呢、吧、吗

语气词连用时可以有 AB、BC、AC 几种顺序。例如：

听完你的发言,我没什么可补充的了。　　（AB）
你怎么不理我了呢?　　（BC）
你这样做不就好了吗?　　（BC）
你知道哥哥怎么说的吗?　　（AC）
这么多事也真够你忙的啊。　　（AC）
你之前来过上海的吧?　　（AC）
这件事到底是谁干的呢?　　（AC）

（四）助词"的""了"和语气词"的""了"

结构助词"的"和语气词"的"都读轻声,为了对他们加以区别,可采用如下判断方法(表2-7)。

表2-7　结构助词"的"和语气词"的"的区别

	出现位置	省略	添加中心语
语气词"的"	句末	可以	不可以
结构助词"的"	句末、句中	不可以	可以

动态助词"了1"和语气词"了2"也存在划界的问题。当"了"出现于句中谓词性成分后时,是动态助词"了1,";当"了"出现于句末且前为体词性成分时,是语气词"了2";当"了"出现于句末,前为谓词性成分时,兼有语气词和动态助词双重作用,是"了1＋了2"。例如:

①他已经看了1两本书了2。
②他走了1＋2。

（五）语气词"啊"与叹词"啊"

（1）从语音来看,语气词"啊"为轻声,叹词"啊"则并非如此。表赞叹读第一声,表惊讶或疑惑时读第二声,表醒悟时读第三声,表应允读第四声。例如:

啊(ā)! 太好了!
啊(á)! 这么快呀?

啊(ǎ)！原来是这么回事啊！

啊(à)！好吧！

（2）从出现位置来看，语气词"啊"不可在句首出现，叹词"啊"则可在句子中的任何位置出现。

（3）从前后是否有停顿来看，语气词"啊"是附着性的，其前面不可有标点符号、不可有停顿；叹词"啊"前后有标点符号，其和其他句子成分之间必须有停顿。

第三章

实用视角下的现代汉语短语研究

短语是大于词而又不成句的语法单位。短语是词与词依靠一定的语法手段、按照一定的语法规则和语义规则组成的、能表示较复杂意思的造句单位。

第一节　短语概述

一、短语的特点

（1）短语表示的是语义上有逻辑关系的一组词形成的搭配。倘若这组词之间不存在逻辑关系，无法搭配，那么将其放在一起只是词语的堆砌，不能看作短语。例如：

①农民种地　演员们在跳舞
②锄头种地　桌子跳舞

（2）短语的构成需要遵循语法手段。当前，词法手段和句法手段是语言学中较为常见的两种语法手段。现代汉语中主要用到的是句法手段，也就是通过变化语序、使用或去掉／换掉虚词来对短语产生影响，使其内部语法关系发生改变。例如：

智力的开发（偏正）　　　智力开发（主谓）
开发智力（动宾）　　　　跑车红色（主谓）
红色跑车（偏正）　　　　红色的跑车（偏正）
语文、数学（联合）　　　语文和数学（联合）
了解不够（主谓）　　　　不够了解（偏正）
了解得不够（中补）　　　检查仔细（动宾）
仔细检查（偏正）　　　　检查得仔细（中补）

（3）短语的构成需要遵循规定的语法形式，也就是指要遵循特定的语法意义的表现形式。通过实词的语序、虚词的有无及其类别等进行表现。例如：

①火车司机（"火车""司机"两个名词按顺序排列，中间无虚词）
②他的爸爸（代词"他"修饰名词"爸爸"，中间用虚词"的"）

（4）语法意义是语法单位在组合中产生的语法关系和语义关系。短语内部直接成分之间就存在着这样的语法意义。需要特别注意的是，此时的语法意义仅限于句法范畴如表3-1。

表 3-1 短语中的语法意义示例

短语举例	语法关系	语义关系
我们学习	主谓关系	陈述与被陈述
工人和农民	联合关系	并列
教育学生	动宾关系	支配与被支配
好得很	中补关系	被补充与补充
我的学生	偏正关系	限制与被限制

（5）短语是造句单位，其在句中作成分。但也有短语可独立成句，此时该短语有一定的语调、语气。例如：

　　小红 ‖ 很喜欢小明照顾她。（"小明照顾她"作宾语）
　　小明照顾她。（独立成句）

（6）除部分联合短语外，其他短语的内部成分之间一般不能有语音停顿。例如：

　　南通、杭州、上海（联合短语）
　　红色的、跑车（偏正短语）

二、短语的结构法则

短语的结构法则并非短语的结构类型，前者是因，后者是果。短语的结构法则指短语的结构单位构成短语的规则，也就是短语的构成方式。与词相比，短语只有一大结构法则：合成。可分为：

(一)关系式合成

1. 所体现的关系

主要有:
(1)联合关系。
(2)偏正关系(分为:定中关系、状中关系)。
(3)主谓关系。
(4)动宾关系(分为:动单宾关系、动双宾关系)。
(5)中补关系。

此外,连谓关系、兼语关系(兼动宾关系与主谓关系)、同位关系(复指关系)、数量关系,也都是这类合成所体现的关系。

2. 所产生的短语

这类合成所产生的短语,以关系命名,可统称"关系型短语"。主要有:
(1)联合短语。
(2)偏正短语(分为:定中短语、状中短语)。
(3)主谓短语。
(4)动宾短语(分为:动单宾短语、动双宾短语)。
(5)中补短语。

此外,连谓短语、兼语短语、同位短语、数量短语,也都是这类合成所产生的短语。

(二)标词式合成

1. 所体现的标志词

主要有:
(1)方位词。
(2)介词。
(3)助词(如的、所、比况助词等)。
此外,量词也可算这类合成所体现的标志词。

2. 所产生的短语

这类合成所产生的短语,以标志词命名,可统称"标词型短语"。主要有：

（1）方位短语。

（2）介词短语。

（3）助词短语（如"的"字短语、"所"字短语、比况短语）。

此外，量词短语也可算这类合成所产生的短语。

三、词、短语、句子的区分

（一）词和短语的区分

（1）从结构方面看。词的结构比较固定，一般不可拆分，而短语的结构松散可拆分，如"白搭——白的搭""白雪——白的雪"，很显然，前面一个说法是不成立的，后面一个是完全合理的，所以可以认为"白搭"是词，"白雪"是短语。

（2）从意义方面看。词表示整体概念，通常不是字面意思的简单相加，如"风水"是指选择合适地方的一种方法，不能按照字面意思理解为"风和水"；"山水"则是指"山脉和水流"，是字面意思的直接反映。所以，"风水"是词，"山水"是短语。

（3）短语和词还要考虑语言环境因素。例如，"拿了很多东西"中的"东西"是词，指物品；"我每到一个新的地方就分不清东西"，此时"东西"指方向，为短语。再如，"这笔买卖"中的"买卖"是词，"卖"读轻声，指生意；而"买卖二手货"中的"买卖"是短语，"卖"为第四声，指拿钱换东西和拿东西换钱这两种交易行为。

（二）词和短语区分涉及的类型

对词和短语进行区分主要可以采用两种方法，即扩展法和插入法。词作为一个整体，不能任意扩展和插入其他成分；短语由词组成，因而可以在合乎逻辑的基础上进行扩展和成分插入。词和短语区分涉及的类型主要列举如下：

1. 主谓结构

词：花红　电击　井喷　春分

短语：叶落　钱多　面积广大

鉴别方法：插入状语或定语。如：钱多——钱非常多，春分——春刚刚分(不成立)。

2. 动宾结构

词：动员　抗议　监工　知己
短语：跳舞　说话　喝水　买饭
鉴别方法：插入"着、了、过"或重叠第一音节。如：喝水——喝了水、抗议——抗了议(不成立)。

3. 偏正结构

复合词：新式　大哥　早茶　生人
短语：旧衣服　大山　早班车　陌生人
鉴别方法：插入"的"或换用同义成分，如：陌生人——陌生的人、生人——生的人(不成立)。

4. 述补式结构

复合词：改正　说明　决定　缩小　提前
短语：启动　完成　睡着　打倒　听见
鉴别方法：插入"得、不"等。如：听见——听得见、决定——决不定(不成立)。

5. 联合式结构

复合词：焦急　玩耍　厂矿　群众
短语：进出　春夏秋冬
鉴别方法：插入"和"或"又……又""并"等。如：进出——进和出、群众——群和众(不成立)。

6. 短语与离合词

离合词：打拳　游泳　睡觉　走路　带头　挥手
短语：走水路　洗碗　乘车
鉴别方法：变换法、扩展法、插入法。如：

洗碗：洗了一堆碗、把碗洗了、碗被洗了
带头：带了一次头、把头带上(不成立)、头被带上了(不成立)

(三)短语和句子的区分

短语和句子的构造原则实际上相差无几,因为追根究底,句子的结构就是短语的结构,但万不可认为短语和句子没有差别,短语和句子始终是两码事。句子由短语构成,短语只是句子的一部分,而不等于句子。短语和句子的区分标注如表 3-2。

表 3-2 短语和句子的区分

参项	短语	句子
性质	属于语言层面,具有静态性	属于言语层面,具有动态性
功能	构成更大的短语或句子	完成最小交际任务
语音	内部具有较少停顿 具有语法重音	贯穿整句的语调 两端具有较长停顿,内部有较短停顿 具有语法重音和焦点重音
语法范畴		动词一般具备时、体范畴或功能语气范畴,甚至还要具备数量范畴、趋向范畴或情状范畴;形容词谓语句一般需有程度范畴;体词谓语句一般具有陈述范畴
成分		特有成分:复指/插说/句外成分 复句具有句间关联词语 语气副词、语气词 足句成分
语序	固定,具有语法价值	更为灵活,具有语用价值
语义	歧义、抽象	单义 大都较为具体
语用		具有语用成分、语用语序 可以超常搭配 表达特定语用功能 具有话题结构,具有信息结构 与预设有关

第二节 现代汉语短语的结构类型分析

在对短语进行分类时可以有不同标准,当前最为常见的是按照结构

类型来对现代短语进行区分。本书以此为标准,将短语分为以下主要类型:

一、主谓短语

主谓短语由主语和谓语两部分组成。例如:

(1)学习‖认真
(2)热血‖沸腾

下面对主语和谓语的情况分别加以介绍:

(一)主语的构成

主语表陈述对象,可由名词、代词等充当,动词、形容词等也可作主语。在现代汉语中,名词、代词被称作体词性词语,动词、形容词被称作谓词性词语。由此,体词性词语充当主语则为体词性主语,谓词性词语充当主语则为谓词性主语。除上述外,主谓短语也可以充当主语,称为主谓性主语。也有学者将主谓性主语归为谓词性主语一类,本书不作此归类。

1. 体词性主语

普通名词和代词作主语。例如:

①灯火辉煌　　　　　　　　　　　　(名词)
②论文耗费了她大量心血　　　　　　(名词)
③我必须得成功　　　　　　　　　　(代词)
④这是我们艰苦奋斗的成果　　　　　(代词)

数词、量词以及数量短语也可作主语。例如:

①八是四的两倍　　　　　　　　　　(数词)
②初三是阳历的八号　　　　　　　　(数词)
③一千克等于两斤　　　　　　　　　(数量短语)
④(我买了两本书,)一本是给小美的　(数量短语)

上述为数词或数量短语作主语,例①、例②、例③均将数词或数量单位作为陈述对象,此时的主谓短语通常情况下表示的是数字和度量之间的关系。例④数量短语作主语时,前文已经出现了所限定的中心语,这种情况下也可看作中心语的省略。

量词也可以单独作主语,但不多见,而且主要限于它的重叠形式。例如:

①米是比厘米大的单位
②(叔叔送来一筐鱼,)个个都活蹦乱跳

需要特别注意的是时间词和处所词作主语的情况,因为这两类词同时具有事物性和时地性,所以其作主语有以下两种情况:

第一,时间词和处所词表事物性,其谓语主要对时间和处所进行补充说明,即描述时间和处所本身如何。例如:

①后天是劳动节
②房间里很干净

第二,时间词和处所词表时地性,其主语用以表明事件发生的时间或处所,谓语则用以表示该事件或状态。例如:

①星期天有个朋友来
②操场上刚才发生一件怪事

2. 谓词性主语

谓词性主语也可以分为以下两类:
第一,主语是指称性的。这类主语一般可以用"什么"来指代。例如:

①善良是一种美德
②孤独是一种多么可怕的处境
③跳绳是一项很棒的运动
④写文章很消耗脑力
⑤回家成了我最大的痛苦

第二,主语是陈述性的。这类主语一般能用"怎么样"来指代,但不能用"什么"来指代。例如:

①拿起来更好
②吃鲜荔枝蜜,倒是时候

3. 主谓性主语

这类主语是由主谓短语充当的。例如:

①他们离婚成了新闻
②桃花盛开说明春天来了

(二)谓语的构成

谓语的作用主要表现为对主语进行陈述或说明,一般情况下由谓词性词语充当,少数情况下也可由体词性词语充当。另外,主谓短语也能充当谓语,学界称之为"主谓性谓语"。有学者将其归为谓词性谓语,本书不遵循此归类。

1. 谓词性谓语

谓词性谓语主要有两种,即动词性谓语和形容词性谓语。
第一,动词性谓语。
动词性谓语的主要作用是叙述主语的动作、行为或变化等。例如:

①柳树 ‖ 发芽
②妈妈 ‖ 洗衣服
③爸爸 ‖ 在修自行车

动词性谓语也有用来描写主语的。例如:

①衣服 ‖ 洗得发白
②热水 ‖ 沸腾着

有些非动作性动词带上宾语作谓语,也是用来描写或说明主语的。例如:

①面容‖像花
②风景‖如画
③转学来的小朋友‖姓吴

此外,由动词"是"组成的谓语,一般表示判断、等同或归类等。例如:

①草莓‖是水果
②老公‖是湖南人
③一年四季‖是春夏秋冬
④李明‖是好人
⑤王云‖是清白的

由动词"是"组成的谓语,也有是说明某种情况的。例如:

①小赵‖是长头发
②小明‖是江苏人

第二,形容词性谓语。
形容词性谓语的主要作用是描写主语。例如:

①婚姻‖幸福
②屋子‖特别明亮

形容词性谓语也有叙述作用的。例如:

①水‖清了
②柳条‖渐渐变绿

此外,部分疑问代词作谓语,具有指代动词或形容词的作用,所以也可看作谓词性谓语。例如:

①他 ‖ 怎样
②你 ‖ 怎么啦

2. 体词性谓语

体词性谓语指的是名词或名词性词语充当的谓语。名词、名词性词语作谓语是有一定条件的，主要用于说明日期、天气等，句式较短，常见于口语。例如：

①明天 ‖ 劳动节
②今天 ‖ 阴天

名词性短语作谓语大多用来说明人的籍贯，也可以描写人的体貌。起描写作用的体词性谓语大都是"形容词＋名词"的偏正短语。例如：

①我 ‖ 江苏人
②她 ‖ 圆圆的脸蛋
③他 ‖ 小个子
④老人 ‖ 花白的头发

数词、数量短语作谓语，主要用来说明人或事物的年龄、数量、价值等。例如：

①小刘 ‖ 六岁
②车上 ‖ 五人
③钢笔 ‖ 七支
④蛋糕 ‖ 十元

3. 主谓性谓语

主谓性谓语是指由主谓短语充当的谓语。例如：

①我 ‖ 学习认真
②他 ‖ 品格高尚

③小李 ‖ 做事仔细

4. 主谓短语的功能

主谓短语最常见的功能就是加上语调之后直接构成完全主谓句,其主语和谓语自然就变成句子的主语和谓语。例如:

①我们唱歌→我们唱歌吧。
②校园美→校园美啊!
③孩子聪明→孩子聪明吗?
④荷花开→荷花开了。

主谓短语还可以充当句子的各种成分。例如:

①她努力是为了考上好大学。　　　(主语)
②小明学习认真。　　　　　　　　(谓语)
③妈妈鼓励我继续努力。　　　　　(宾语)
④妈妈表扬了表现优异的姐姐。　　(宾语中心的定语)
⑤学习认真的孩子惹人喜爱。　　　(主语中心的定语)
⑥她疼得手发麻。　　　　　　　　(补语)
⑦他语气生硬地发表了演说。　　　(状语)

二、述宾短语

述宾短语是由动词和名词性词语组合而成的。

(一)述语的构成

述语一般由动词构成,有时动词也带上修饰或补充成分,通常表示动作行为、性状的变化或判断等。例如:

①采纳意见　　　　　　　　(动词作述语)
②认真采纳意见　　　　　　(偏正短语作述语)

"认真采纳意见"这类结构,也可以分析为状中式的偏正短语,切分为"认真 / 采纳意见"。

（二）宾语的构成

宾语可以看作述语的连带成分，主要用来回答"谁""什么"等问题。名词、代词、数词及体词性短语，动词、形容词等谓词及其短语等均可作为宾语。此外，主谓短语也可以充当宾语，叫作"主谓性宾语"。

1. 体词性宾语

体词性宾语主要由名词、代词、数词及体词性短语充当。例如：

　　①阅读书籍　　　　　　　（名词作宾语）
　　②看了五本故事书　　　　（名词性偏正短语作宾语）
　　③十五加三等于十八　　　（数词作宾语）
　　④讨厌他　　　　　　　　（代词作宾语）
　　⑤妈妈喊的是大姐和二姐　（联合短语作宾语）
　　⑥那袋橙子有三千克　　　（数量短语作宾语）

2. 谓词性宾语

谓词性宾语主要由动词、形容词等谓词及谓词性短语充当。例如：

　　①擅长跳绳　　　　　　　　（动词作宾语）
　　②擅长打羽毛球　　　　　　（述宾短语作宾语）
　　③喜欢和妈妈一块看电影　　（动词性偏正短语作宾语）
　　④感觉舒服　　　　　　　　（形容词作宾语）
　　⑤感觉特别伤心　　　　　　（形容词性偏正短语作宾语）

能够带谓词性宾语的动词有限。

3. 主谓性宾语

主谓性宾语由主谓短语充当。例如：

　　①我看他们打球
　　②你希望他做什么

③我们在看林丹打球

(三) 双宾语

现代汉语的及物动词,有一部分是可以带双宾语的。例如:

①我送她一部手机
②她收到我一封情书
③徐老师教我们语文
④你告诉我情况怎么样

双宾语中,一个宾语为间接宾语,指人,表示动作行为涉及的对象;另一宾语为直接宾语,指事物,表示动作行为的内容。

并不是所有动词都能够带双宾语,只有部分动词能够带双宾语,现列举如下:

①表示给予的:递　喂　赔　卖　还　借　送　赠　给
②表示取得的:欠　借　偷　娶　取　诈　抢　买　赚　拿　要　收　得到
③表示教告的:问　询问　告诉　请教　教　回答
④表示称叫的:管　骂　喊　简称

(四) 宾语和述语的语义关系

从形式上看,宾语和述语的关系较为简单;从语义上看,宾语和述语的关系则十分复杂。要想准确地把握句子的意思,就一定要掌握宾语和述语的语义关系。在现代汉语中,较为常见的述宾语义关系主要有十种,现列举如下:

①动作行为——受事:搜集资料、修汽车、买电脑
②动作行为——对象:热爱集体、团结同学、尊敬老师
③动作行为——目的:躲清闲、考出国、跑买卖
④动作行为——处所:吃食堂、逛公园、走大路
⑤动作行为——原因:后悔迟到、躲雨、抓痒
⑥动作行为——方式:读函授、存活期、寄快件

⑦动作行为——工具：打手机、做 B 超
⑧动作行为——结果：考满分、写小说、盖房子
⑨动作行为——施事：震惊全国、下雨、来客人
⑩动作行为——身份角色：叫张三、姓张、是演员、当工人、唱花旦、打前锋

此外还有其他一些语义关系：表动作行为——范围的，如"考数学"；表动作行为——依凭的，如"吃父母"等。

（五）主宾语和施受关系

短语和句子都是由很多个层面组合而成的，仔细研究分析这些层面，可以发现，期间并不存在简单的对应关系。从结构形式的角度对短语和句子进行剖析，可以分解出主语、谓语等句法成分，这些成分位置固定，如主语通常在谓语前面。倘若从语义角度进行分析，又会得出不同的结果，即可以发现短语或者句中有施事、受事之分。施事和受事等语义结构成分可以被称作语义角色，其在句法结构中是没有固定的位置的，这就使得句法结构和语义结构具有不一致性。例如：

①我看过这部电影。
②这部电影我看过。

从句法结构来看，例①为"主+述+宾"，例②为"主+（主+谓）"，很显然，这两个句子句法结构不同。从语义结构来看，施事都是"我"，受事都是"这部电影"，因此可以认为这两个句子语义结构相同。① 由此可得出结论：语法结构变了，语义结构不一定会变。

反之，句法结构相同，语义关系却不一定相同。例如：

①吃米饭
②吃大碗
③吃食堂

---

① 黄靖莹、梁永蝶：《现代汉语句法结构与语义结构的非一致性考察》，《今古文创》，2021 年第 2 期：127-128.

例①、例②、例③的句法结构均为"动词+宾语",但其语义结构却明显不同,分别为:"行为——受事""行为——工具""行为——处所"。

就算使用相同的词语构成相同的句法结构,其内部语义关系也可能不同。例如:

①李芳的字写得不对,你给她示范一下怎么写吧。
②墙上挂的是李芳的字,你可以观赏临摹一下。

例①、例②中均出现了"李芳的字",它们用词相同、结构相同,但语义关系不同。从语义关系角度分析,例①中"李芳的字"表示的是"施事——结果",例②中则表示的是"领有——主事"。

经过上述分析可以发现,施事不一定是主语,受事也不一定是宾语。在对句子语法进行剖析时,一定要仔细辨别。

在现代汉语句法结构中,一般而言,主语、宾语和施事、受事的关系表现为以下几种:

(1)施主+动+受宾。例如:

①我们 ‖ 修理桌椅
②你们 ‖ 整理图书

(2)施主+受宾+动。例如:

①他 ‖ 鸡肉不吃
②小明 ‖ 什么书都不看

(3)受主+施主+动。例如:

①那个礼物 ‖ 你不该接受
②《红楼梦》‖ 我看过

（4）施主+动。例如：

①我 ‖ 在上网
②他 ‖ 睡觉了

（5）受主+动。例如：

①黄瓜 ‖ 不吃了
②两款手机 ‖ 都用过

（6）动+施宾。例如：

①飘起了雪花
②来了客人

（7）动+受宾。例如：

①清理垃圾
②砍伐树木

（8）施主+介"把"+受宾+动。例如：

①我 ‖ 把他批评了一顿
②他 ‖ 把书拿走了

（9）受主+"被"介+施宾+动。例如：

①他 ‖ 被我批评了一顿
②书 ‖ 被他拿走了

(六) 述宾短语的功能

述宾短语可以充当各种句子成分。例如：

①学唱歌我愿意。(作主语)
②他享受生命。(作谓语)
③我很想学跳舞。(作宾语)
④喜欢画画的年轻人都是爱好艺术的年轻人。(作定语)
⑤要有秩序地进行核酸检测。(作状语)
⑥他疼得打自己。(作补语)

三、补充短语

"谓+补"共同构成补充短语,其中,"谓"作为中心语置于补语的前面,"补"作为补充成分置于谓语的后面。通常而言,谓语为动词、形容词,补语为程度副词"很""极"和谓词性词语等。例如:

看明白　看得明白　看得很明白

(一)补语的类型

根据补语表意的作用,可以分为以下类别:

1. 数量补语

数量补语一般表明动作行为数量或动作延续的时间。例如:

①站了三天
②喊了十次

2. 情态补语

情态补语描述与动作有关的人或事物的状态。例如:

①长得枝繁叶茂
②长得面若桃花

3. 程度补语

程度补语表示人或事物性状的程度。例如:

①快得很
②伤透了
③没得很
④好吃极了

4. 趋向补语

趋向补语表示动作行为的趋向,由趋向动词充当。例如:

站起来　走出去

5. 结果补语

结果补语表示动作行为的结果。例如:

听仔细　想清楚　抓牢

对于结果补语,要弄清它同哪一个成分相关联,准确把握语义。例如:

饭吃完了→吃饭结束了。
饭吃完了→饭被吃光了。

(二)补语和结构助词"得"

"得"可以作为判断是否为补语的标志之一,但并不是所有补语中都会出现"得",有些补语中不可用"得"。"得"在补语中的用法主要有以下几种:

(1)不用"得"的补语。数量补语和程度补语中通常不可用"得",例如:

写了十遍　跑了五圈　美极了　坏透了

(2)必须用"得"的补语。情态补语中和副词"很"作补语时,必须要加"得"。例如:

开心得像个孩子　美得像一幅画儿　美得很　坏得很

(3)用"得/不"与不用"得/不"构成平行格式的补语。这种情况主要出现在结果补语和趋向补语中。基本式中不用"得/不",可能式中用"得/不"。具体见表3-3。

表3-3 "得/不"的用法

	基本式	可能式	
结果补语	看清	看得清	看不清
	干完	干得完	干不完
		解决得了	解决不了
		吃得	吃不得
趋向补语	说出	说得出	说不出
	进来	进得来	进不来
	走回去	走得回去	走不回去

情态补语必须用"得",结果补语的可能式的肯定式也用"得",但是它们的问话形式和否定形式不同。情态补语与可能式结果补语的肯定式一样,但是在一定的语境里,只能有一种理解。而且从语用角度说,它们的重音位置也有差异:表情态时,语用重音在补语位置上;表可能时,语用重音在中心语位置上。

(三)补充短语的功能

补充短语也可以充当各种句子成分。例如:

①说得好不如做得好。　　　　(作主语、宾语)
②她穿得真漂亮。　　　　　　(作谓语)
③祝愿小朋友茁壮成长。　　　(作宾语)
④妈妈有花不完的钱。　　　　(作定语)
⑤她穿得漂漂亮亮地走进来。　(作状语)
⑥腿麻得走不动了。　　　　　(作补语)

四、偏正短语

偏正短语由"偏"和"正"两部分组成。通常是前"偏"后"正","偏"

限制或修饰"正"。偏正之间是修饰与被修饰、限制与被限制的关系。从性质和功能来看,其实偏正短语有不同的两个类型。

其一,定中短语,也有的叫"定中结构""定心结构",是体词性短语。例如:

  红色跑车   漂亮的衣服

以上短语,前一部分是"偏",叫定语,后一部分是"正",叫中心语。中心语大多由名词充当。

其二,状中短语,也有的叫"状中结构",是谓词性短语。例如:

  十分潇洒   高度重视

以上短语,前一部分是"偏",叫状语,后一部分是"正",叫中心语。中心语一般由动词或形容词充当。

下面分别介绍这两类偏正短语的具体情况:

(一)定语的构成和作用

定语构成很丰富,一般的实词和短语几乎都可以作定语。例如:

小型会议	(区别词作定语)
壮丽河山	(形容词作定语)
学习计划	(动词作定语)
我们学生	(代词作定语)
电脑屏幕	(名词作定语)
爷爷奶奶的房间	(联合短语作定语)
站起来的学生	(补充短语作定语)
特别优秀的学生	(状中短语作定语)
我女儿的日记	(定中短语作定语)
看电影的小伙子	(述宾短语作定语)
他看中的人才	(主谓短语作定语)
一个人就够了	(数量词作定语)
一人不饮酒	(数词作定语)

定语的作用是修饰或限制它后边的中心语。修饰性的定语主要是描写人或事物的性质、状态等。修饰性定语大多由形容词或形容词性词语充当。例如：

①了不起的举措
②听话的孩子
③十分重要的方法
④金黄的麦穗

限制性的定语主要是给事物分类或划定范围，表示事物的所属、时间、地点、数量等。限制性定语一般由名词、人称代词、名词性短语、动词和动词性短语等充当。例如：

不肯吃饭的孩子　　　降落的飞机
三个同学　　　　　　书架上的书
他们的理想　　　　　杂志封面

在限制性定语里面，有的与中心语具有"同一性"，也就是说，定语与中心语表达的内容是相同的。这种定语，一般称为同一性定语。例如：

①想当飞行员的理想
②迟到早退的问题
③徐晓飞老师

上例中"理想"就是指的"想当飞行员"，"问题"指的就是"迟到早退"，"徐晓飞"是"老师"。所以可以把其中的"的"换成"这个"，转换为复指短语："想当飞行员这个理想""迟到早退这个问题""徐晓飞这个老师"。

（二）定语和结构助词"的"

定语同中心语的组合有两种方式：一种是直接组合，一种是用结构助词"的"连接。采用哪种方式，有规律可循，说明如下：

（1）数量短语或数词、量词作定语,表示限制关系时后面一般不加"的",采取直接组合方式。例如：

①两只手用力
②两腿发软
③喝杯茶
④三张纸

数量词作定语表示描写关系时,后面要用"的"。例如：

①那条鱼有三斤的样子。
②六十多岁的老马也来参加马拉松了。

（2）人称代词作定语表示领属关系,一般要加"的"。例如：

①他的书包
②你的桌子
③我的电脑

但中心语是亲属、集体、机构的名称以及方位词时,人称代词后用"的"不用"的"都可以。例如：

她后边	她的后边
我们家	我们的家
他母亲	他的母亲

（3）疑问代词"什么"作定语,用"的"表示限制,不用"的"表示描写。例如：

什么的声儿→(发动机的声儿)
什么声儿→(发动机"突突"声)

（4）名词作定语表示领属关系时一般要用"的"。例如：

母亲的围巾　　　　　老师的孩子
小明的书包　　　　　姐姐的朋友

名词作定语表示范畴、原料等时，后面一般不加"的"。例如：

水泥路　　　　　　　木头椅子
电视节目　　　　　　塑料脸盆

（5）形容词作定语，后面加不加"的"，主要与音节有关。单音节形容词作定语，一般不加"的"。例如：

坏桌子　　　　　　　大房子
高水平　　　　　　　好孩子

但如果需要强调或对比，一般要加"的"。例如：

①他总是挑甜的东西吃。
②这个重的箱子给我。

双音节形容词作定语一般要加"的"。例如：

笔直的马路　　　　　雪白的米饭
英俊的人　　　　　　浩瀚的大海

带有附加成分（状语或补语）的形容词、形容词的重叠形式等作定语时，后面一般加"的"。例如：

甜甜的汤圆　　　　　绿油油的庄稼
高高的鼻子　　　　　红透的枫叶
特别优秀的人才　　　最高的楼房

（6）动词作定语一般要用"的"。例如：

购买的设备　　　　　　吃的东西
编写的小品　　　　　　重视的问题

只有在不致误认为是述宾关系的条件下，可以不加"的"。例如：

旅游指南　　　　　　　开采方法
发展规划　　　　　　　编写计划

（7）各类短语作定语，后面一般要加"的"。例如：

①脸色苍白的小王
②非常难得的条件
③来之不易的机会
④迷上网络的人

对于加"的"不加"的"，大多是语用的需要，有时是两可的，其中要特别重视不加"的"会出现结构歧义的现象。

(三)状语的构成和作用

状语主要由副词、形容词、时间名词、处所名词、介宾短语等充当，表示情状、工具、方式、时间、目的、原因等。例如：

站着说话　　　　　　　向他学习
北京见　　　　　　　　明天再来
飞快地奔跑　　　　　　已经如愿

与定语一样，状语也可以分为以下两类：

其一，修饰性状语。修饰性状语主要起描写作用。又可分两种情况：一种是描写动作的方式或状态。例如：

不断强调　　　　　　　十分重视

彻底打扫　　　　　　当面批评

另一种是在意念上描写动作者的,此类状语的作用在于描写动作时的情态,多出现于文学作品中。例如：

①她深情地望了丈夫一眼
②他高兴地说

其二,限制性状语主要表示时间、处所、条件、对象、数量、目的、范围以及性状程度等。例如：

表时间：三点钟开会　　以后谈　　　明天去
表对象：为别人做事　　对工作负责
表数量：多次获奖　　　三番五次地说
表条件：在逆境中奋进　在困境中拼搏
表处所：上海见　　　　上边去　　　左边走
表程度：十分爽快　　　非常出色　　最优秀　　很好
表范围：都是学生　　　全部上缴
表目的：为我们的幸福而努力　　　为参加工作做准备

(四)状语和结构助词"地"

助词"地"是状语的形式标志,状语后面加不加"地",也有规律可循,下面分别介绍：

(1)限制性状语后一般不能加"地"：

①大家都喜欢这本书
②同学们全部到齐
③我们候车室里见
④小明在教室看书
⑤昨天他起得很早

（2）描写性状语绝大多数后边可以加"地"。
描写动作者的状语一般都要加"地"。例如：

①他态度坚决地说
②他很生气地说
③她含情脉脉地望着我
④她大大方方地跟我握手

描写动作的状语，加不加"地"，情况比较复杂。多数形容词（短语）、动词（短语）以及主谓短语、固定短语、拟声词、数量短语，加不加"地"是自由的，一般情况下不用，强调其描写作用时才用。

单音节形容词后一般不能用"地"。例如：

大干　　高攀　　快走

多数双音节形容词一般情况下不用"地"，强调其描写作用可用"地"。例如：

明确表示　　　　　　明确地表示
把信仔细读了一遍　　把信仔细地读了一遍

有的形容词放在动词前作状语，从语义关系看却是描写宾语的，一般要加"地"。例如：

圆圆地画了一个圈　　浓浓地沏了一杯茶

形容词性短语作状语，一般加"地"。例如：

十分积极地响应　　非常慎重地研究

动词性词语作状语，后面加不加"地"一般是自由的。例如：

有计划进行　　　　　　有计划地进行

不停翻动　　　　　　　　不停地翻动

唠唠叨叨说个没完　　　　唠唠叨叨地说个没完

来回奔跑　　　　　　　　来回地奔跑

固定短语加不加"地",一般也是自由的。例如:

全心全意干工作　　　　　全心全意地干工作

自上而下进行动员　　　　自上而下地进行动员

(五)多层定语的次序

在具体的语言结构中,很多中心词会带多个定语,其定语往往有序地递相排列。据有的学者研究,从离中心语最远的定语算起,多层定语一般按以下顺序排列:

A. 表示所属的名词、代词或短语　　(表示"谁的")
B. 指示代词、数量短语　　　　　　(表示"多少")
C. 动词、动词性短语　　　　　　　(表示"怎么样的")
D. 形容词、形容词性短语　　　　　(表示什么样的)
E. 表示性质的名词　　　　　　　　(表示什么)

例如:我们学校的　两位　一直坚守岗位的　年轻的　语文老师

(谁的)(多少)(怎么样的)(什么样的)(什么)
(所属)(数量)(行为)　(状态)(性质)

多层定语的顺序一般是按逻辑关系来排列的。一般而言,与中心语关系越密切的定语就越靠近中心语,顺序大体是固定的。但有时也有一定的灵活性,特别是数量短语位置比较灵活。例如:

一件奇奇怪怪的事情

奇奇怪怪的一件事情

在上面的例子中数量短语就处于不同的位置。位置不同,有时在语用上就可能有一定的差异,很多时候是为了突出其他定语的作用而变序。有时则是为了避免歧义而调整数量短语的位置。例如,"三个出版社的编辑",若"三个"是限定"编辑"的,就有必要调整语序,说成"出版社的三个编辑",以避免歧义。

(六) 多层状语的次序

同多层定语一样,多层状语的顺序安排也是有规律的。据学者们研究,大体顺序如下:

　　A. 表示时间的名词　　　　　　　(指明何时)
　　B. 表示处所的介宾短语　　　　　(指明何地)
　　C. 表示范围的副词　　　　　　　(指明怎样)
　　D. 表示情态的谓词性短语　　　　(指明怎样)
　　E. 表示对象的介宾短语　　　　　(指明同谁)
　　F. 表示动作方式的形容词　　　　(指明怎样)

例如:我 <u>昨天</u> <u>在超市</u> <u>不加选择地</u> <u>给孩子</u> 买了一大包东西
　　　(时间)(地点)(情态)(对象)

在描写性状语中,一般描写动作者的在前,描写动作的在后。例如:

①她像跟谁辩论似地猛然仰起了头
②他兴冲冲地向我介绍他新买的玩具

以上只是说的常见情况,其实,与多层定语比较,多层状语的位置相对要灵活一些。在具体的语言环境中到底该怎么排列,主要取决于两个因素:一是短语内部的逻辑关系,二是表意的需要。要视具体情况而定。

(七) 定语和状语的区分

定语和状语都是中心词的修饰和限制性成分,有相像之处。但它们的性质和功能是有差异的,可以从以下方面来区别:

(1) 体词的修饰成分是定语。例如:

　　　　三个朋友　　奋斗目标　　理想职业　　丰富的内容

（2）谓词的修饰成分，有时是定语，有时是状语。首先可以根据位置来判断，如果谓词是处于谓语中心位置，它的修饰成分就是状语，情况单纯。例如：

①今天的节目十分精彩
②他特别喜欢听音乐

如果谓词是处于主语或宾语的位置，就有多种可能：其一，如果谓词的修饰成分是体词性词语，用来表示类属，回答"什么""谁"等问题，一般是定语，整个结构也是体词性的。例如：

水平的提高　　他们的到来
生活的改善　　会议的召开

其二，如果谓词的修饰成分虽然是体词性词语，但用来表示方式，回答"怎么样"的问题，那么就是状语，整个结构仍是谓词性的。例如：

①希望历史地看问题
②教条主义地办事情是行不通的

其三，谓词性词语作修饰成分，如果表示动作的方式、程度，回答"怎样"的问题，那么一般是状语，整个结构是谓词性的。例如：

①要做到扎扎实实地搞建设
②认认真真地读原著是必要要求

如果谓词性词语作修饰成分时，用来表示性质，回答"什么样的"，则一般是定语，整个结构是体词性的。例如：

①他们进行了非常认真的讨论
②问题还没得到彻底的解决

(3)副词作谓词或体词的修饰成分,只能是状语,不能是定语。例如:

马上出发　　　　　　　　十分风光

五、联合短语

联合短语由两个或两个以上的成分组成,各构成成分之间的关系则不是完全相同的,主要有以下几类:

(1)并列关系,两个成分之间没有主次之分。例如:

聪明又美丽　　　　　　　工作和学习
老师和学生　　　　　　　工人农民

(2)顺承、递进关系,两个成分之间有先后、主次之分。例如:

接受且改正　　　　　　　讨论并通过
热情而且主动　　　　　　继承并发扬

(3)选择关系,两个成分之间没有先后、主次之分,常用连词"或""或者"关联。例如:

站着或坐着　　　　　　　飞机或者高铁

联合短语除了直接组合之外,也常使用连词来关联各成分,大体情况如下:

(1)名词的联合,常用"和""跟""同""与"连接,如"我和/跟/同/与他"。并列成分如果有两项以上,习惯上只用一个"和",放在末尾两项之间,如"北京、上海和广州"。

(2)动词的联合,常用"并""和"等连接,如"继承并发扬""关心和爱护"。

(3)形容词的联合,一般用"而""又""而且"等连接,如"美丽又大方""聪敏而且漂亮""光荣而艰巨"。

此外,联合结构也可以使用顿号来隔开各构成成分,如"语文、数学、外语";也可以顿号和连词并用,如"美国、日本和加拿大"。

六、连谓短语

两个以上的谓词性成分连用,并且不构成主谓、联合、偏正、述宾、补充等关系的短语叫连谓短语,包括"连动式"和"兼语式"两类。

(一)连动短语

两个或两个以上动词或动词性短语连用,并且共有同一主语的短语叫连动短语。例如:

  上街买书   出去买菜
  打个电话订盒饭 写个申请交上去

(二)兼语短语

所谓兼语短语,就是述宾短语和主谓短语套叠而成的短语。兼语短语中的一个成分既充当前一个动词的宾语,同时又充当后一个动词的主语,该成分叫"兼语"。如"请他参加"由述宾短语"请他"和主谓短语"他参加"套叠而成,"他"既作"请"的宾语,又作"参加"的主语,这就是兼语短语。又如:

  令人难忘   邀请他讲学
  请老师上课   派他去学习

(三)复杂的连谓短语

连动短语和兼语短语又常常套用在一起,形成更复杂的连谓短语。大致有两种情况:

1. 连动套兼语

这又有两种形式:
一是连动在前,兼语在后。例如:

  ①我打电话叫我的学生接你

②我写了一封信推荐他读研究生

二是兼语在前,连动在后。例如:

导师催我去实验室做实验

2. 连动兼语融合

既是连动,同时又是兼语,这是一种很特别的现象。例如:

王芳拉着赵川登上了飞机

"王芳"连续发出"拉着赵川""登上了飞机"两个动作,这个句子显然是连动短语;而同时,"王芳拉着赵川""赵川登上了飞机"又套叠成一个兼语短语。这是连动短语和兼语短语的有机融合。

(四)连谓短语的功能

(1)连动短语和兼语短语主要用作谓语,构成汉语特有的连动句和兼语句。例如:

①你‖代表我去看看他。　　　　(连动句)
②我‖带着孩子上了车。　　　　(连动句)
③他‖派我出国。　　　　　　　(兼语句)
④大家‖叫我讲几句。　　　　　(兼语句)

(2)连动短语和兼语短语还可以充当其他各种句子成分。例如:

①来上海学习收获很大。　　　　(连动短语作主语)
②他最喜欢去海边赶潮。　　　　(连动短语作宾语)
③他高兴得拿起手绢跳舞。　　　(连动短语作补语)
④跑到后面聊天的人是老赵。　　(连动短语作定语)
⑤让她休息几天是可以的。　　　(兼语短语作主语)
⑥我打算派她去杭州。　　　　　(兼语短语作宾语)
⑦这是令人遗憾的事。　　　　　(兼语短语作定语)

⑧这些人闹得叫大家无法安睡。　（兼语短语作补语）

七、方位短语

方位短语由方位词和其他实词组合而成。方位短语的功能和时间名词、处所名词基本上相同。例如：

  开放以来　　　改革以前　　　立春以后
  房间外面　　　台阶下　　　　马路上

方位短语常常同介词结合成介宾短语。例如：

  自从参加工作以来　　在马路以南　　在办公室里

八、复指短语

由所指对象相同的几个并列成分组成的短语叫复指短语，复指短语的组成部分之间有复指关系。例如：

  父母他们　　　　　他自己
  老张这人　　　　　首都北京

复指短语的功能与名词基本相同，所以这里不赘述。

九、其他短语

前面讲的短语，都是实词与实词组合而成的。下面讲的短语，是实词与虚词构成的短语。

（一）介宾短语

介宾短语主要由介词和体词性词语组成，有的叫"介词结构"。例如：

对他(很好)　　　　　从国外(回来)
向雷锋(学习)　　　　在武汉(读书)

有少数介宾短语是由谓词性词语同介词组成的。例如：

为祖国繁荣富强(贡献力量)
通过实习(了解了很多情况)
在锻炼中(成长)

介词"从、由"和"到、及、往"构成的介宾短语可以连用，表示范围。例如：

由寺庙正门往南看我们发现了方丈说的那口枯井。

介宾短语的主要功能是作状语，以上所举的例子都是。此外还可作补语、定语。例如：

①与他的分歧很大。　　　　　(作主语的定语)
②厂领导应该加强与员工的沟通。(作宾语的定语)
③他一直战斗在第一线。　　　(作补语)

(二)助词短语

1."的"字短语

结构助词"的"附着在实词或短语之后组成的短语叫"的"字短语。也有人叫"的字结构"。"的"字短语的作用相当于名词。例如：

①苏欣就是那个留长头发的。
②穿黑色毛衣的是我弟弟。

有不少"定语＋的＋中心语"的偏正短语可以省略中心语而转化为"的"字短语。这有一定的规律，主要有以下几种情况：

第一，名＋的(＋名)。中心语泛指人或具体物品，可省。例如：

①五班的(学生家长)都来了
②那一堆(　)是我的(玩具)。

第二,形+的(+名)。定语是限制性或分类性的,中心语可省。例如:

①两个哈密瓜,大的(　　)四斤,小的(　　)三斤。
②进来一高一矮两个人,高的(　　)是袁厂长,矮的(　　)是宋经理。

定语是修饰性的,中心语就不能省。例如:

火红的高粱　　　　　光明的前途

第三,动+的(+名)。中心语能作前面动词的主语或宾语的可省,否则不能省。例如:

该说的(话)都说了　　　　　　　(说话)
游览的(人)都走了　　　　　　　(人游览)

2. 比况短语

由表示比况的助词"似的""似地""一样""一般""般地(的)"附着在实词或短语之后构成的短语叫比况短语。比况短语常作定语或状语。例如:

①兄弟般的情谊　　　　　(作定语)
②花样年华　　　　　　　(作定语)
③花园似的校园　　　　　(作定语)
④小鹿般地撞击着胸脯　　(作状语)
⑤流星似地散落下来　　　(作状语)

少数也可以用作补语。例如:

①脸脏得猴子屁股似的
②眼睛肿得水蜜桃似的

3. "所"字短语

由助词"所"附着在谓词性词语前构成的短语,也有人叫"所字结构",其功能相当于名词。例如:

①他所喜欢的都是美国歌手。　　　(所字短语作主语)
②这是我的所思所想。　　　　　　(所字短语作宾语)
③大家所期待的一幕终于来临。　　(所字短语作定语)

第三节　现代汉语中的短语辨析研究

短语的类别存在着一个系统,区别的重点和难点在于短语的结构类型、功能类型。多数短语的结构、功能比较清楚,辨别起来难度不大。一部分短语,结构关系模棱两可,甚至存在兼类现象,确定其类型时除应注意区分短语中材料的性质、短语所属的语言环境外,还应借助虚词的作用。

一、动宾短语与偏正短语辨析

辨别动宾短语与偏正短语,主要掌握以下三种情况:
(1)有的短语孤立存在时兼属动宾短语、偏正短语两种类型对于这样的短语,应结合具体的语言环境进行分析。

学习材料。
我们正在编写学习材料。
你们一定要认真学习材料。

在第一个句子中,"学习材料"表示的是"材料"的性质,"学习"是

"材料"的修饰语,"材料"是"学习"的中心语,因而这是一个偏正短语。

第二句中的"学习材料"表示的是"做什么",即"对材料进行学习","材料"是"学习"的对象,因而应该认定为动宾短语。

(2)以动词为中心语的偏正短语和以动词为宾语的动宾短语。二者都是动词在后,外部形式近似,如"停止前进"与"快速前进"、"继续尝试"与"反复尝试"、"开始学习"与"认真学习"、"接受处分"与"严厉处分""进行分析"与"细致分析"、"视察指导"与"认真指导"等。

鉴别这样的短语,一要分析前面的词是否是动词,二要看两个词之间能否插入结构助词"地"。如果是动宾短语,则第一个词必定是动词,而且两个词之间肯定不能插入结构助词"地";如果是偏正短语,则第一个词不会是动词,并且,两个词之间肯定能够插入结构助词"地"。由此可以得出下面的结论:"停止前进""继续尝试""开始学习""接受处分""进行分析""视察指导"是动宾短语,因为这些短语的第一个词都是动词,而且中间不能插入结构助词"地";而"快速前进""反复尝试""认真学习""严厉处分""细致分析""认真指导"是偏正短语,因为这些短语的第一个词都不是动词,而且中间可以插入结构助词"地"。

(3)有的动宾短语是动词在前而名词在后,有的偏正短语也是动词在前而名词在后,两者外部形式相同。鉴别类型时,应紧扣结构关系与词的性质。如"认证等级"与"认证标准"两个短语,都是动词在前,名词在后,其结构类型却不一样。"认证等级"表示"对等级进行评判、决定","认证"起支配作用,"等级"是"认证"的支配对象,所以它是一个动宾短语。而"认证标准"中的"认证"对"标准"不起支配作用,只能起限定作用,表示"评定等级的标准","标准"是中心语,而不是受支配的宾语,所以,它是一个偏正短语。由此可知,"训练队伍"是动宾短语,而"训练科目"是偏正短语;"建设祖国"是动宾短语,而"建设任务"是偏正短语;"制作工具"是动宾短语,而"制作水平"是偏正短语。

二、动宾短语与中补短语辨析

有些动宾短语和中补短语容易混淆,其原因在于,二者的前后两个部分,即动语与中心语、宾语和补语,往往是同一类词或同一类短语。

(1)数量短语在后的动宾短语和中补短语。如"吃一碗"和"吃一次",都是动词在前而数量短语在后,而"吃一碗"属于动宾短语,"吃一次"属于中补短语。区分的依据在于量词的性质,如果使用的是名量词,整个短语是动宾短语;如果使用的是动量词,整个短语是中补短语。这是因为,名量词表示省略了的支配对象的计算单位,与前面的动词不存在直接的结构关系,而动量词表示前面动词的计算单位,存在直接的结构关系。在"吃一碗"中,"碗"是名量词,"吃"的支配对象是"饭",如果不省略,应该是"一碗饭"整体地充当宾语,"碗"表示"饭"的数量;在"吃一次"中,"次"是动量词,是"吃"的计算单位,"一次"补充说明"吃"的次数,属于补语。

据此可知,"创作一篇""购置一套""处理一桩""穿一件""拉一车""画一幅"等短语中的量词都是名量词,"篇""套""桩""件""拉""幅"分别是省略了中心语"作品""家具""事情""衣服""货物""画"的计算单位,所以都属于动宾短语;"试探几回""朗读三次""重复两遍""跑两趟""试一下"等短语中的量词"回""次""遍""趟""下"都是动量词,分别作动语"试探""朗读""重复""跑""试"的计算单位,所以都属于中补短语。

（2）宾语和补语同为表示时间概念的数量短语。先看一组例句:

1小时等于60分。
一天有二十四小时。
闰年为366天。
一年有四季。

这组例句存在一个共同的特点,即动词前后的两个部分构成一种相等的关系,其中的动词或者是判断动词"是",或者作用相当于判断动词"是"。表示时间概念的数量短语"60分、二十四小时、366天、四季",并不表示动词"有、为、是、等于"的数量,而是分别同"1小时、一天、年、一年"构成对应的"主宾"关系。因此,应将"等于60分、有二十四小时、为366天、有四季"判断成动宾短语。

再看一组例句:

这场大雨持续了三天。
那场晚会准备了三十天。

这支曲子我练了三个月。

这组例句中的"三天、三十天、三个月"也是表示时间概念的数量短语,由于它们表示的是动作行为;"持续、准备、练"的数量,起补充说明作用,与前面一组例句存在着明显的不同,即不存在同主语的对应关系,所以,应将"持续了三天""准备了三十天""练了三个月"判断为中补短语。

三、兼语短语与动宾短语辨析

兼语短语与动宾短语的辨析问题,主要包括以下两种现象:

一种是,"希望你们健康成长""等老师指导""看蝴蝶飞舞"类的短语,似乎都可以分解成一个动宾短语和一个主谓短语,符合兼语短语的特点。其实它们都是动宾短语:"你们健康成长"是"希望"所在,整体地受动词"希望"的支配,所以,这是一个动宾短语;"等老师指导"整体上表示"等什么"的意思,"等"是起支配作用的动词,其支配对象不限于"老师",而是"老师指导"的结果,所以这是一个由主谓短语"老师指导"充当宾语的动宾短语;"看蝴蝶飞舞"整体上表示"看什么"的意思,"看"是起支配作用的动词,其支配对象不是"蝴蝶",而是"蝴蝶飞舞"这种景象,所以,是一个由主谓短语"蝴蝶飞舞"充当宾语的动宾短语。

另一种是,"防止野兔偷吃瓜""避免水分蒸发""保持身体健康"一类的短语,也可以分解成三个部分,而且第一个部分都是动词,第二、第三两个部分都存在主谓关系,但它们也是动宾短语,而不是兼语短语。作为中间部分的"野兔""水分""健康"绝对不是前面动词的支配对象,不能单独地充当宾语,而是组成主谓短语"野兔偷吃瓜""水分蒸发""身体健康"之后整体地充当宾语。

四、兼语短语与连动短语辨析

兼语短语与连动短语的辨析问题,主要表现为有些连动短语也可以分解成三个部分,而且中间部分是前面部分的宾语。"找前辈请教""有事请假""去超市买手帕"就是这一类型的例子。三个短语的中间部分分别是"前辈""事""超市",分别充当动词"找""有""去"的宾语,形式上很像兼语,其实不然。它们除了充当前面部分的宾语之外,并不充当后面部分的主语,甚至与后面部分不存在任何结构关系。因此,只能够将这一类短语判定为连动短语。

五、联合短语与同位短语辨析

有些联合短语和同位短语,形式上也很相似。如"教育家孔子"和"思想家教育家",都是由两个名词组合而成,都可以调换前后两个部分的位置,似乎属于同一种结构类型。鉴别它们是联合短语还是同位短语,一看它们所包含的几个部分是不是同指一个对象,二看几个部分之间是否可以插入连词"和"。几个部分所指的对象相同且中间不能插入连词"和"的,就是同位短语,与此相反的,就是联合短语。"教育家"与"孔子"同指一个人,中间又不能插入"和",构成的是同位短语;"思想家"与"教育家"所指不一,能变成"理论家和艺术家",构成的是联合短语。以此类推,"劳动节那一天"是同位短语,"腊月正月"是联合短语;"《老人与海》这部小说"是同位短语,"《雾》《雨》《电》"是联合短语;"我自己"是同位短语,"你我"是联合短语。

六、主谓短语与偏正短语辨析

大多数偏正短语的结构关系都比较清楚,尤其是那些使用了结构助词"的""地"的;有些偏正短语,修饰语是名词或代词,中心语是动词或形容词,中间又没有表示偏正关系的结构助词,外表上很像主谓短语,如"其他设想""科技发明""室内设计""初步诊断""本质要求"等。确定这一类短语是主谓短语还是偏正短语,一看加进结构助词"的"之后是否改变原意,二看能否抽象成"什么怎么样"的形式。如果能加入"的",又不能抽象成"什么怎么样"的形式,就属于偏正短语,否则就属于主谓短语。以上举的例子,都属于前者,应该判定为偏正短语。

七、"的"字短语与偏正短语辨析

"的"字短语不同于使用了结构助词的偏正短语,尽管二者都使用了结构助词"的"。例如:

①今天的孩子是明日的栋梁。
②迟到的一会儿去值日。
③那个模型,仿真的。
④学会学习,是老师留给学生的珍贵财富。
⑤做工人的,谁不希望厂子换一批机器?

"的"字短语整体地表示某人某物,其中的"的"不同于表示偏正关系的结构助词"的",后面不出现中心语,而偏正短语中的"的"用于表示偏正关系,其后面必定存在一个中心语。由此可以判定:②中的"迟到的"表示"迟到的人",③中的"仿真的"表示"仿真的模型",⑤中的"做工人的"表示"做工人的人",它们的后面都没有出现被修饰的中心语,所以都属于"的"字短语;①中的"今天的孩子"和"明日的栋梁",④中"留给学生的珍贵财富"等都是偏正短语,因为其中的"的"字后面都有中心语出现,而"的"字前面都是对中心语起限定作用的修饰语。

第四章

实用视角下的现代汉语单句研究

　　句子从其总体的结构形式着眼,可分为单句和复句两大类。单句与复句的区别,主要在于其总体结构的简单与复杂。凡总体结构只有一套主谓结构的,不论其具体结构如何复杂,它也是单句;凡总体结构有两套或两套以上主谓结构的,即使看上去非常简单,它也是复句。本章即对现代汉语单句进行研究。

第一节　单句概述

一、单句的含义和特点

（一）单句的含义

单句是主体构件由句子成分直接构成，或由词独立而成，有句子语气的语言单位，是具有单一性的句子。

所谓单一性，指不像复句那样包含两个或两个以上的分句，而只有一个像分句那样的语言单位。

（二）单句的特点

单句主要有两个特点：（1）主体构件由句子成分直接构成，或由词独立而成。（2）有句子语气。

因此，只要是下列两种句子，就一定是单句：A.能够且应当直接分析为句子成分的句子。B.主体构件为一个词的句子。例如：

①小溪里的水快乐地流着。（A）
②中国文化源远流长。（A）
③西红柿不但能吃，而且能治病。（A）
④前进！（B）冲啊！（B）
⑤光明！（B）我看见光明了！（A）

二、单句的结构单位

单句的结构单位也就是单句的构件。单句的构件可分为：主体构件、附体构件。

（一）主体构件

（1）词(非附体性的)。
（2）短语。
（3）复句形式。
例如：

①我们热爱生活。（"我们"是词，"热爱生活"是短语）
②我们热爱生活，也热爱家乡。（"我们"是词，"热爱生活，也热爱家乡"是复句形式）
③知识使人看清事物。（"知识"是词，"使人看清事物"是短语）
④知识不是越少越好，而是越多越好。（"知识"是词，"不是越少越好，而是越多越好"是复句形式）
⑤这个办法省时省力。（"这个办法"是短语，"省时省力"也是短语）
⑥这个办法省时又省力。（"这个办法"是短语，"省时又省力"也是短语）
⑦这个办法既省时，又省力。（"这个办法"是短语，"既省时，又省力"是复句形式）

（二）附体构件

（1）语气词。
（2）动态助词兼语气词。
例如：

①回去吧！（"吧"是语气词）
②是啊！（"啊"是语气词）
③这座桥是什么时候坍塌的呢？（"的""呢"是语气词）
④那座桥梁已经坍塌了。（"了"是动态助词兼语气词）

三、单句的结构法则

(一) 合成

1. 合成与成分句

这里说的"合成",指由句子成分直接组合而成的句子。

合成产生成分句(包括一般所说的主谓句和非主谓句中的成分句)。凡是主体构件能够且应当分析为句子成分的句子,都应视为单句中的成分句。例如:

①两座大山面对面。
(句子成分:两座大山[主语]、面对面[谓语])
②你好吗?
(句子成分:你[主语]、好[谓语])
③又下雨了。
(句子成分:又[状语]、下雨[中心语])
④好大的雪呀!
(句子成分:好大[定语]、雪[中心语])

2. 成分句的分类

有主谓的成分句,即主谓句,含明显的主语、谓语省略式。例如:

①山里的女人也爱美。
(主语:山里的女人。谓语:也爱美。)
②一种惆怅的感觉顿时涌上心头。
(主语:一种惆怅的感觉。谓语:顿时涌上心头。)
③(我们)上车吧。
(主语:我们。谓语:上车。)
④(你们)现在还不能休息。
(主语:你们。谓语:现在还不能休息。)
⑤(谁是张三?)我(是张三)。
(主语:我。谓语:是张三。)

主谓句又可按谓语的不同进行分类（也可按主语的不同进行分类），如下。

（1）词谓句，即以词作谓语的句子。可进一步分为：名词性谓语句、动词性谓语句、形容词性谓语句、主谓谓语句等，下一节将作详细分析。

（2）语谓句，即以短语作谓语的句子。可进一步分为：a.动宾谓语句（动单宾谓语句、动双宾谓语句）；b.定中谓语句；c.状中谓语句；d.中补谓语句；e.主谓谓语句；f.连谓谓语句（连谓句）；g.兼语谓语句（有主谓的兼语句），等等。例如：

　　①草鱼吃草。（动单宾短语作谓语）（a）
　　②它告诉我们一个道理。（动双宾短语作谓语）（a）
　　③河里一群小鸭子。（定中短语作谓语）（b）
　　④我们现在出发。（状中短语作谓语）（c）
　　⑤这种菜很苦。（状中短语作谓语）（c）
　　⑥他跑得很快。（中补短语作谓语）（d）
　　⑦那种鱼眼睛已经退化。（主谓短语作谓语）（e）
　　⑧我来这里看他。（连谓短语作谓语）（f）
　　⑨我叫他回去。（兼语短语作谓语）（g）

（3）复谓句，即以复句形式作谓语的句子。复句形式类似复句，可分为两大类：联合型复句形式、偏正型复句形式。因此，复谓句可进一步分为：联合复谓句、偏正复谓句。例如：

　　①草鱼既吃水草，也吃别的食物。（联合复谓句）
　　②这个道理虽然简单，但很深刻。（偏正复谓句）

目前的现代汉语教材皆未找到对主谓句进行上述分类的做法，因而皆无"动宾谓语句、状中谓语句、中补谓语句"等之说。而这些句型是客观存在的。由于未找到对主谓句进行上述分类的做法，因此它们对"主谓谓语句"的归类皆不够妥当。

无主谓的成分句，属于非主谓句，但不等于非主谓句。不含明显的主语、谓语省略式，因为它们已属于有主谓的成分句。这类单句虽无主谓，但有别的成分。可按具体成分分为：动宾句、定中句、状中句、无主

谓的兼语句等,例如:

①出太阳了。(动宾句,动单宾)
②给残疾人更多的关怀。(动宾句,动双宾)
③很好的设想。(定中句)
④一个多好的地方啊！(定中句)
⑤好香啊！(状中句)
⑥有老虎在山上叫。(无主谓的兼语句)

无主谓的兼语句不同于有主谓的兼语句。后者属于有主谓的成分句,而前者属于无主谓的成分句。

有些非主谓句不但无主谓,而且无别的成分。它们是主体构件为一个词的句子。后面可能有附体词,如"天哪！"也可能没有附体词,为独词句,如"对！"

可见,非主谓句是一个相对于主谓句而言的笼统的概念,它包括:有成分的非主谓句、无成分的非主谓句。这说明,非主谓句不一定没有句子成分。

成分句(有主谓的成分句、无主谓的成分句)除了上面所讲的一般类型之外,还有特殊类型:特点句、变式句。特点句包括:"把"字句、"被"字句、"比"字句、"除"字句、存现句等。例如:

①有的人把自己的利益看得高于一切。("把"字句)
②地面上的灰尘被大风卷了起来。("被"字句)
③这个月的花销比上个月的多。("比"字句)
④除明天以外,其他日子都行。("除"字句)
⑤空气中弥漫着一股咖啡的香味儿。(存现句)

注意:主谓谓语句、连谓谓语句(连谓句)、兼语谓语句(有主谓的兼语句)、动双宾谓语句(有主谓的动双宾句),已归入有主谓的成分句中的语谓句(一般类型),不再算作特点句。无主谓的兼语句已归入无主谓的成分句(一般类型),也不再算作特点句。

特点句一般属于有主谓的成分句,但有的属于无主谓的成分句。例如:

①把沙漠变成绿洲！
②把损失降到最低。

变式句是成分句的变化形式,可分为:省略句、倒装句、状语首置句(与倒装句不同)。例如:

①(你)看见(她)了吗？ （我)没看见(她)。(省略句)
②他悄悄地退去,在大家的欢笑声中。(倒装句)
③我要买一个西瓜,大的。(倒装句)
④毕业后这三人就各奔东西了。(状语首置句)

(二)单成

1. 单成与非成分句

这里说的"单成",指由一个词(作为主体构件)形成句子,单成产生非成分句(其中无附体构件的仅有一个词,又叫独词句)。凡是主体构件为一个词的句子(明显省略除外),都可以视为非成分句。例如:

是啊！
好吧。
再见。

2. 非成分句的分类

(1)名词句,如:饭！水！
(2)动词句,如:走！看！
(3)形容词句,如:好！好哇！
(4)代词句,如:谁？谁呀？
(5)叹词句,如:啊！
(6)拟声词句,如:轰隆！

四、单句的变化和转化法则

（一）单句的变化法则

单句的变化体现为三种句式：省略句、倒装句、状语首置句。因此，单句的变化法则应是其省略、倒装、状语首置的法则。

1. 省略的法则

（1）在对话中因主语不重要而省略主语。例如：

A：小张在吗？
B：不在。

省略使得：小张不在。→不在。

（2）在对话中因谓语不重要而省略谓语。例如：

A：谁要下车？
B：我。

省略使得：我要下车。→我。

（3）在对话中因宾语不重要而省略宾语。例如：

A：接到通知了吗？
B：接到了。

省略使得：接到通知了。→接到了。

（4）在对话中因主语和宾语都不重要而省略二者。例如：

A：你喜欢它吗？
B：喜欢。

省略使得：我喜欢它。→喜欢。

（5）在对话中因其他成分不重要而省略其他成分。例如：

  A：可以开始了吗？
  B：可以了。

省略使得：可以开始了。→可以了。

  A：什么时候开学？
  B：9月1号。

省略使得：9月1号开学。→9月1号。

  A：你上了几节课？
  B：3节。

省略使得：我上了3节课。→3节。

2. 倒装的法则

（1）因突出谓语而使之前置，或因说话人一时忘了主语而补说主语。例如：

  动动脑筋吧，你们。
  已经飞走了，那些天鹅。

倒装使得：你们动动脑筋吧。→动动脑筋吧，你们。
那些天鹅已经飞走了。→已经飞走了，那些天鹅。

（2）因突出定语而使之后置，或因说话人一时忘了定语而补说定语。例如：

  他是老师，中文系的。
  我写了一篇论文，现代汉语语法方面的。

倒装使得：他是中文系的老师。→他是老师，中文系的。

我写了一篇现代汉语语法方面的论文。→我写了一篇论文,现代汉语语法方面的。

（3）因突出状语而使之后置,或因说话人一时忘了状语而补说状语。例如：

他批评了小李,十分严肃地。
我等你,在老地方。

倒装使得：他十分严肃地批评了小李。→他批评了小李,十分严肃地。
我在老地方等你。→我等你,在老地方。

3. 状语首置的法则

因先交代状语而把它提至句首。例如：

轻轻地我走了。
慢慢地,月亮从云里钻出来了。
在这个方面,他很有天赋。

状语首置使得：我轻轻地走了。→轻轻地我走了。
月亮慢慢地从云里钻出来了。→慢慢地,月亮从云里钻出来了。
他在这个方面很有天赋。→在这个方面,他很有天赋。

(二)单句的转化法则

1. "主谓谓语句—别的句"转化

①今天天气不错。（主谓谓语句）
今天的天气不错。（状中谓语句）
②他身体还可以。（主谓谓语句）
他的身体还可以。（状中谓语句）
③这件衣服款式新颖。（主谓谓语句）
这件衣服的款式新颖。（形容词谓语句）
④我国人口很多。（主谓谓语句）
我国的人口很多。（状中谓语句）

⑤这个问题我们解决。（主谓谓语句）

我们解决这个问题。（动宾谓语句）

⑥他猪肉不吃。（主谓谓语句）

他不吃猪肉。（动宾谓语句）

2. "动双宾谓语句（双宾句）—别的句"转化

①他给我们武器。（双宾句）

他给我们以武器。（中补谓语句）

②她教我们英语。（双宾句）

她教我们学英语。（兼语谓语句）

③大家叫她祥林嫂。（双宾句）

大家称她为祥林嫂。（兼语谓语句）

④你告诉他这个消息。（双宾句）

你把这个消息告诉他。（状中谓语句、"把"字句）

3. 其他转化

例如：

①他是一个大公无私的人。（动单宾谓语句）

他大公无私。（联合谓语句）

②我们要治好她的病。（非"把"字句）

我们要把她的病治好。（"把"字句）

第二节　现代汉语单句的一般句式研究

一、主谓句

(一) 名词性谓语句

名词性谓语句是由名词或名词性短语充当谓语的句子。现代汉语名词性词语充当谓语是有条件的，尤其单个的名词充当谓语限制更多。名词谓语句有一些显著的特点：口语性较强；只能是肯定句，不能是否定句；一般只能是口语句式，不能是书面语句式；常常是短句，很少有长句。名词直接作谓语，主要是用在说明日子和天气的短句中。例如：

明天元旦　　昨天晴天　　今天端午节

名词性谓语句主要是对主语从某些方面进行说明、解释、描写，语义关系上主要是判断关系，因而多数可以在主语和谓语之间加"是"，否定时一定要用"不是"，不能只用"不"，包括描写性强的，少数可加"有""等于"等。如上面的句子：

昨天是晴天→昨天不是晴天
今天是端午节→今天不是端午节

名词性短语作谓语的句子，以说明数量、时量、时点、年龄、价格、重量、容貌、性格、特征、环境、籍贯、处所、所属等为主。例如：

老王一副热心肠　　小王都25岁了　　一人就一本

表示容貌、性质、特征、环境等的名词性谓语带有很强的描写性，一般的是偏正短语，单单中心语名词不能直接作谓语。例如：

①这张桌子就腿。（错误示例）
②这个姑娘眉毛，眼睛，鼻梁，身材。（错误示例）

(二)动词性谓语句

1. 动词谓语句

这里的动词谓语句指的是单个动词作谓语的句子。汉语中单个动词作谓语是有条件的，这种动词多数是不及物动词。例如：

①孩子的作业完成了。
②小王牺牲了。

2. 动宾短语谓语句

谓语是动宾短语,按宾语的数量有单宾句和双宾句两种。单宾句中有的动词必须带宾语,如"从事""善于""免得""加以""进行"等;有的能带宾语,但在具体的句子中也可以不带,如"说""打""看""吃"等大多数动词。按宾语的性质单宾句还可以分为:

(1)体词性宾语句。例如:

①他最近读了一本书。
②小王买了一本书。

(2)谓词性宾语句。例如:

①我懒得搭理他。
②我们认为你错了。

有些动词只能带体词性宾语,有些动词只能带谓词性宾语,如上述①②句中的动词;有的则既能带体词性宾语,又能带谓词性宾语。例如:

①我们都喜欢吃冰激凌。
②我们都喜欢她。

3. 中补短语谓语句

动词性中补短语有多种情况,从形式上看有带"得"和不带"得"的,从语义上看补语有表示结果、程度、情状的,有表示趋向、数量、时间、方式手段的等。例如:

①赵州桥修于宋代。(时间补语)
②小王流下了热泪。(趋向补语)
③小王长不高了。(可能补语)
④小王渴坏了。(程度补语)

4. 其他

其他常见的动词性谓语句还有连谓句和兼语句,将在下节进行详细介绍。

(三)形容词性谓语句

1. 形容词谓语句

形容词谓语句是指由单个形容词充当谓语的句子。单个形容词尤其是性质形容词单独充当谓语是有一定限制的,一般要求是对举句(有比较意味)或有前后句,或者在问答句中。例如:

①这件贵,那件便宜。
②小王胖,小李瘦。

句末有"了"时或形容词并列作谓语时,均可以自足成句。例如:

①这孩子老实憨厚。
②小王胖了。

2. 中补短语谓语句

以形容词(大多是性质形容词)为中心语的中补短语作谓语的句子,其补语也较复杂。例如:

①我的声音高一些。(数量补语)
②她渐渐消瘦下去了。(趋向补语)
③这会儿小王心里踏实多了。(程度补语)

形容词性谓语句中的谓语也可以带状语。当形容词是二价的时候,往往构成"对"字句或"对于"句,形容词前一般有程度副词,如"对于这项工作我比较在行""吸烟对健康有害""他对业务很熟悉"。

（四）主谓谓语句

主谓谓语句是由一个主谓短语作谓语的句子。例如：

这个方案‖他们已经讨论四天了。

这一句中，整个句子主语部分是"这个方案"，俗称"大主语"，谓语部分"他们已经讨论四天了"本身就是一个主谓短语，俗称"大谓语"；"他们"又是大谓语中的主语，俗称"小主语"，"已经讨论四天了"是大谓语中的谓语，俗称"小谓语"。这种句型正由于形式上好像有两个主语，很容易与其他句型相混，给辨认带来一定的难度。

下面通过分析大主语跟大谓语内直接成分（小主语和小谓语）之间的语义关系，来进一步理解主谓谓语句的特点。根据大主语、小主语、小谓语之间的语义关系，把主谓谓语句分为如下几类进行讨论：

（1）大主语跟小主语之间有领属关系或整体和部分的关系。（用"‖"隔开大主语和大谓语，用"｜"隔开小主语和小谓语）例如：

这头牛‖力气｜很大。
老先生‖思维｜仍然十分敏捷。

此类主谓谓语句与领属性定中短语作主语的句子极其相似，尤其是当大谓语前没有状语的时候，有的大主语和小主语之间还可以添加上"的"。比如可以说：

这头牛的力气很大。
老先生的思维仍然十分敏捷。

这种句型，小主语往往是大主语的一部分或者某种属性，大主语对小主语意念上有领属关系，因而分析的时候容易将大主语看成是小主语的定语，认为这是偏正短语作主语的主谓句，于是小主语成为全句的主语了：这不符合完整的表达。另外，像"这头牛力气"这样的偏正短语也并不存在，而且，并不是每个这类句子都可以添加"的"。例如：

我们村‖过去确实穷人|多。
小王‖确实身材|高大。

这些句子不能加"的",或者有副词等状语隔开,这些正是主谓关系的标志,跟定中关系是不相容的。

(2)大主语是小谓语的受事,小主语是小谓语的施事。例如:

这个人‖你|不可小看。
孩子上学的学费嘛,‖我|来出吧。

有时候,大主语只是大谓语中某个动词(不一定是小谓语)的受事,甚至不好说是受事。例如:

小王‖被学校|派去开会了。
这种讨论会,我见得‖多啦!

(3)大主语是施事,小主语是受事,在意念上是受小谓语支配的。例如:

他‖一口水都不喝。
我‖这部电影看过。

(4)大主语是小谓语的工具、材料、与事等语义成分。例如:

这把刀‖我|切肉。(工具大主语)
这块布‖他|用来做西服了。(材料大主语)
小李‖我|协商过了。(与事大主语)

对这类主谓谓语句有些论著也将之看作宾语提前,但是"宾语提前说"也是有困难的。

(5)大谓语本身是计量关系,用来对大主语进行计量评价,这些主谓谓语句的小主语、小谓语往往是数量词等体词性词语。例如:

(这种)布‖一尺五毛钱。
对虾‖一对多少钱?

这种主谓谓语句,可以在作谓语的主谓短语中间加进一个适当的动词。例如:

(这种)布‖一尺(值)五毛钱。
对虾‖一对(卖)多少钱?

(6)小主语是谓词性的成分,小谓语是形容词性的,大主语是小主语的施事。例如:

他‖投篮|很准。
小王‖进步|很大。

(7)大主语表示范围、对象、关涉的事物。例如:

这个问题,‖我有新的看法。
公司的事儿,‖我不在行。

这类句子,大主语前面可以加"对""对于""关于""在……上/中"等,若加上这些介词,就成了句首状语了。

二、非主谓句

(一)非主谓句的性质

非主谓句指的是分析不出主语和谓语的单句。例如:

①下雨了。
②票?
③(草图终于弄出来了,)大体上不成问题。
④("谁煎的?")"我"。

非主谓句是由词或主谓短语以外的短语构成的句子,句法分析上分析不出主语或谓语,由于主语和谓语是相对的,无"谓"就无所谓"主",无"主"也就无所谓"谓",因而无主句、无谓句(言外之意应该有主语、谓语)的说法在逻辑上是说不通的。

(二)非主谓句的分类

1. 动词性非主谓句

动词性非主谓句,由动词或动词性短语构成。例如:

①立正!(动词)
②注意车辆!(动宾短语)
③谢绝参观!(动宾短语)
④叫小王进来!(兼语短语)

构成动词性非主谓句的动词有及物和不及物之分,因此有的动词后带有宾语,如"注意车辆""谢绝参观"之类;有的不带宾语,如"立正"之类;同样是带宾语的句子,有的带的是谓词性宾语,如上例中的"参观";有的带的是名词性宾语,如上例中的"车辆"。

就名词性宾语而言,它和动词之间的语义关系,可以是施事,也可以是受事或其他。例如:

①来人!
②先买票,后上车。

上例①中的"人"是施事宾语,例②中"票"是受事宾语,"车"是处所宾语,从动核结构分析,例②隐含施事。

从运用上看,动词性非主谓句主要用于以下几种情况:
(1)用于叙述自然现象。例如:

①出太阳了。
②刮风了。

这类非主谓句,可以扩展,如上例可分别扩展为"马上出太阳了""昨晚刮风了"。

(2)用来表示突然发生的现象。例如:

①着火了!
②抢劫了!

(3)用来说明事实情况或某处存在某种情况。例如:

①上课了。
②散会了。

这类非主谓句,有的似乎可以补上主语或将宾语放到动词前,但这样变换后,与原来所要表达的意思就有区别了。如"上课了"是单纯述说此时此地将要出现的情况,而像"徐老师上课了"之类,说的是"徐老师怎么样"的事,完全是另一种句型。

(4)用来表示一般的要求或者禁止。例如:

①保持安静!
②不准随地吐痰!

这类句子主要用于公共场所的招贴告示,有的还可用作标语口号。例如:

①热烈欢迎新同学!
②认真搞好第四次人口普查工作!

(5)用于命令。例如:

①立正!
②稍息!

（6）用于叫卖。例如：

①磨剪子哎戗菜刀哟！
②卖西瓜！

（7）用于谚语或格言。例如：

①不怕不识货,就怕货比货。
②饭后百步走,活到九十九。

这类句子的主语都是泛指,没有必要说出来。

2. 形容词性非主谓句

形容词性非主谓句,由形容词或形容词短语构成。例如：

①嚄,好漂亮！
②好极了！

从语义平面的动核结构上分析,上述例子都隐含着系事。
形容词性非主谓句主要用于以下几种情况：
（1）用于应对。例如：

甲：忍耐一下吧朱先生,这对你也是一种磨炼！
乙：啊……也对,也对。

（2）用于论断。例如：

①(今天一出门就踩到了狗屎,)倒霉！
②(他老说些气人的话,)讨厌！

上述形容词性非主谓句,对人的行为或对某种事物表示评论。这种评论可以是不好的方面,如上例中的"倒霉""讨厌"等。

（3）用来表示感叹。例如：

①真糟糕！（钥匙落家里了）
②多漂亮啊！

（4）用来表示祈使。例如：

①乖点！
②安静！

3. 名词性非主谓句

名词性非主谓句，由名词或以名词为中心的定中短语构成。名词性非主谓句主要用于以下几种情况：

（1）用于剧本或小说，说明故事发生的时间或地点。例如：

①一九七六年八月一日上午。上海虹桥机场。
②红柳镇街上。

（2）用来表示感叹。例如：

①可怜的孩子！
②多可爱的小生灵啊！

（3）用于描写。例如：

①长长的车队，滚滚的尘土。
②人群。伤员。横在路中央的水泥电线杆。

（4）用来表示突然发现的事物。例如：

①啊，血！
②水！忽降忽升的水！

（5）用来表示招呼。例如：

①朱先生！
②老兄！

（6）用于书名、影片名、篇名等。例如：

①《水浒传》（书名）
②《我和我的父辈》（电影名）

（7）用来表示祈使、叫卖等。例如：

①牛肉包子哎！
②票！

（8）此外，名词性短语加上"呢"还可表示疑问。例如：

①你的意见呢？
②你爸爸呢？

4. 叹词性非主谓句

由叹词构成的非主谓句叫叹词性非主谓句。例如：

①"喔唷！喔唷！"
②哎！（真好看！）

叹词性非主谓句，根据其内部表意功能的不同，大体有以下几种情况：

（1）用来表示呼唤，引起注意或提起话头。例如：

啊！（云翼，你不能怪妈妈。）

（2）用来表示应答。例如：

　　甲：老叔，听说你要盖房子？
　　乙：嗯！（老人点了点头。）

（3）用来表示愤怒、鄙视或者斥责。例如：

　　哼！（说是媳妇，可比婆婆还厉害哩！）

（4）用来表示喜悦。例如：

　　嗨！（这就对啦。）

（5）用来表示惊讶。例如：

　　哎！（这楼上怎么没有吹喇叭的？）

（6）用来表示领悟。例如：

　　噢！（原来如此。）

（7）用来表示哀叹。例如：

　　唉！（老了，连鼻子都不中用了。）

（8）此外，拟声词也可构成非主谓句，主要用来模拟声音。例如：

　　①砰！（远处传来一声枪响。）
　　②咣当！（什么东西掉下来了。）

第三节　现代汉语单句的特殊句式研究

一、"把"字句

(一)"把"字句的性质

"把"字句是运用介词"把"将谓语动词涉及的事物置于动词前面作状语的一种句式。例如：

①两个人只顾闲聊,把身边的两个孩子全忘记了。
②劳动者的力量把大地变得多美!

有人认为"把"字句是将谓语动词的宾语提前的一种句式,但这种说法是有问题的。因为一方面有很多"介引成分"在一定的句子格式里不能移到动词后面,有的"把"字句谓语动词本身就带有宾语。例如：

①他让卖粥大嫂把粥盛在饭盒里。
②我们要把家乡建设成花果山。

另一方面,并不是每一个一般主谓(动宾)句都可以变换为"把"字句,下列一般主谓(动宾)句都不能变换。例如：

①小王娶了新媳妇。
②小王心疼小李。

(二)"把"字句的特点

"把"字句在结构上、语义上、语用上都有一些独特之处。下面分别讨论"把"字句的主语,"把"字的宾语、谓语部分。

1. "把"字句的主语

"把"字句的主语多数是体词性词语,包括名词、代词、名词性短语等。例如:

①那些小同学还没把会场布置好。
②他把我的腿踢破了。

从语义上看,"把"字句的主语多数是施事,但也有不少句子的主语是谓语动作的受事。例如:

①那些脏衣服把小姑娘洗怕了。
②巧克力把我的牙吃坏了。

这些"把"字句的主语虽然不是施事,但实际上在主语前隐含了一个动作,这个动作也就是句子中的谓语动词。例如:

①洗那些脏衣服把小姑娘洗怕了。
②吃巧克力把我的牙吃坏了。

这些句子里的施事正是"把"后的宾语或宾语中的主体事物,如果把这个宾语放到句首就可以变成重复动词的中补结构。例如:

①小姑娘洗那些脏衣服洗怕了。
②我吃巧克力吃坏了牙。

可见,这几类句式是有变换关系的。

2. "把"字的宾语

"把"字的宾语从构成上来看也很复杂,有名词、代词,也有名词性短语。例如:

①这孩子可把我气死了。
②他把孩子找回来了。

"把"字的宾语也可以是非名词性的。例如：

他把老实当成无能。

从语义关系上看，"把"的宾语一般是谓语动词的受事，如"同学们把作业做完了"。但诚如前面所言，"把"的宾语从语义上看往往是复杂多样的，也有表示施事、系事、处所、工具、材料、当事等的。例如：

①那场官司把他打得筋疲力尽。
②他把空水缸装满了稻米。
③她把菜刀剁骨头了。
④这工作把老王忙得直流汗。

在表示原因（事件）和结果关系的"把"字句中，"把"的宾语往往是谓语动词的施事。

3. "把"字的谓语部分

首先，有些动词是不能进入"把"字句的谓语部分的。例如，表示关系的动词，表示心理、认知活动的动词，助动词，趋向动词；不及物动词，非动作性及物动词。只有动作性强的及物动词才有可能进入"把"字句的谓语部分。

其次，即使是动作动词，单个动词也很难进入"把"字句的谓语部分，尤其单音节动词更难。例如：

小王把那碗饭吃。（错误示例）
小王把信寄。（错误示例）

在这些动词前后添加适量成分,句子就成立了。例如:

小王把那碗饭吃了。
小王把信寄走了。

"把"字句中,谓语动词一般不能是一个光杆动词,除"把(将)"构成介宾短语对其进行修饰外,它的前后总有些其他成分,或者动词要以重叠形式出现。

二、"被"字句

(一)"被"字句的性质

在谓语动词前边用介词"被"表示被动的句子,叫作"被"字句,也称被动句。例如:

①小王被雨淋得生病了。
②弟弟被老师批评了。

(二)"被"字句的类型

现代汉语中的"被"字句有如下类型:
(1)由"被"引进施事,格式是:受事＋被＋施事＋VP。例如:

①小王被特务盯上了。
②小王被人打伤了。

(2)有的"被"字句在"被"字之后、谓语动词之前没有名词性宾语成分,格式是:受事＋被＋VP。由于"被"后边没有宾语,此处的"被"字是助词。例如:

他们被 [ ] 欺骗了。

(3)"被……所"固定格式:受事＋被＋施事＋所＋VP。这种格式一般只在书面语中使用,是从"为……所"演变而来的,也可以使用

"为……所"式或"由……所"式和"受……所"式。我们把这些表示被动关系的句子也看作"被"字句(或被动句)。例如：

他的名字并不为人们所知道。

（4）"被……给"固定格式：口语里用在谓语动词前与"被""叫""让"构成呼应格式的还有一个助词"给"字，它的作用与"所"相当，构成"受事＋被＋施事＋给＋VP"。"给"可用可不用。例如：

①收音机叫他给弄坏了。
②这孩子被他奶奶给惯坏了。

三、连谓句

（一）连谓句的性质

连谓语句是由连谓短语作谓语的句子。连谓短语由两个或两个以上的谓词和谓词性短语连用,在意义上每个谓词都能与同一主语构成主谓关系,谓词性词语之间没有语音停顿,也没有关联词语。例如：

①他点头同意了。
②王大妈放下针线活走过去开门。

上述由连谓短语作谓语的连谓句,有的是两个动词的连用,如例①；有的是三个动词性短语的连用,如例②。

在现代汉语句法结构中,动词或动词性短语连用现象有很多,有些句子表面上看好像是动词的连用,但并不是真正的连谓短语。例如：

①落水的妇女拼命地挣扎着。
②下课后,同学们打球跳绳做游戏。
③小明喜欢吃巧克力。
④我向岸边游了过去。
⑤一看见我就跑；去学校就找他。

例①的谓语由两个动词连在一起构成的状中短语充当；例②的谓语由三个动词性词语连接在一起构成的并列短语充当；例③的谓语由两个动词性词语连在一起构成的动宾短语充当；例④的谓语由两个动词连在一起构成的中补短语充当；例⑤是紧缩复句。

看来谓词和谓词性短语连用是否是连谓短语还要有一定的限制，这些限制就是连谓短语的特点。

（1）连用的动词或动词性短语共用一个主语，或者说每个动词结构都可以和同一个主语分别构成主谓短语。

（2）连用的动词或动词性短语之间不能有语音停顿，书面上不能用逗号隔开，有的根本不能用明显的语音停顿隔开，或隔开后原句的意义、意味就变了。例如：

①这条鱼蒸着，吃。（错误示例）
②现在他没时间考虑，找个对象。（错误示例）

有的隔开后就成了复句：

你多跟他谈谈心，消除他的思想顾虑。（目的复句）

（3）连用的动词或动词性短语之间没有关联词语，也没有分句间的逻辑关系，否则是紧缩句。例如：

①他拿起帽子就往头上戴。
②他一来就开始干活。

（4）介词短语跟动词或动词性短语连用不是连谓短语，因为介词已经虚化为虚词。例如：

①我们走向大海。
②他在图书馆看书。

从构成部分的功能类看,连谓短语也包括形容词或形容词性短语跟动词或动词性短语连用,因为形容词的功能同于动词。例如:

老张吃完饭走了。(动词性短语和动词连用)

(二)连谓句的形式特征

连谓句是由连谓短语作谓语的句子,因此,它虽然只有一个谓语,但谓语的结构中心可以有两个或两个以上,这是它在形式方面的一大特点。连谓句中几个谓词性词语连用的排列顺序依次记作"V1 + V2 + V3……",但无论几个,连用的部分都属于同一层次。例如:

小王去找小李了。(连用部分有两个:去、找小李)

1. 连谓句中的 V1

能在 V1 位置上出现的动词和动词短语的类别不多,主要有以下几种:
(1) V1 位置上是动宾短语。例如:

①小猫看见我跑了过来。
②我们乘汽车到南京路。

以上两例中 V1 "乘汽车""看见我"都是动宾短语,其中的动词都是及物动词,宾语都是名词或名词性短语。

(2) V1 位置上是中补短语。例如:

①赵大爷走过来抓住我的手久久不放。
②李青说完了往后一躺,一副爱理不理的样子。

例①的 V1 由动词带趋向补语充当,例②的 V1 由动词带结果补语充当。

(3) V1 位置上是单个的动词。V1 位置上的单个动词比较少,主要限于趋向动词"来""去"以及由"来""去"组成的复合趋向动词。

（4）V1 位置上是"动词+着"。例如：

①爷爷说着长叹了一口气。
②这点钱您留着慢慢用吧！

2. 连谓句中的 V2

一般的动词性词语都能出现在 V2 的位置上。例如：

①旅客们坐在车厢里谈天打牌。
②老人家躺在树下休息。
③妈妈看着我笑了。

(三)连谓句的语义特征

1. 作主语的名词性词语与句中动词性词语间的语义关系

连谓句中作主语的名词性词语跟动词间的语义关系主要有两种情况：
（1）主语跟连谓短语之间的语义关系较为简单，是施事跟动作的关系，即主语是各连用动词或动词性短语的施事。例如：

①他端着机枪冲入敌军阵地。
②孩子们吃完饭去做游戏了。

（2）主语是各连用动词或动词性短语的受事。例如：

①书稿写好了交给出版社。
②布料被裁掉做成衣服了。

2. VP1 和 VP2 之间的语义关系

（1）VP1 和 VP2 表示动作的先后关系

即 VP1 和 VP2 表示的动作或事件在时间上有先有后，互相衔接，连续发生。例如：

指导员走过去把伤员抱了起来放上担架。

（2）VP1 说明 VP2 的动作方式

V1 在前,着重说明后续动作 V2 的方式。这类连谓短语中的 V1 的动词之后常常带有表示持续状态的助词"着"。例如：

①他微笑着向我走来。
②孙处长皱着眉头不说一句话。
③王大娘盘着腿坐在炕上。

（3）VP1 和 VP2 表示动作及其目的关系

连谓句中,V1 和 V2 有时表示动作和目的的关系,通常情况是用趋向动词"来""去"作 V1、V2,表示动作"来""去"的目的。例如：

我来想跟您打听一个人。

（4）VP1 和 VP2 表示动作(或事件)有因果关系

一个表示原因,另一个表示原因引起的结果。一般情况是表示原因的动词性词语在前,表示结果的动词性词语在后。例如：

王老师今天病了不能来上课。

（5）VP1 和 VP2 表示互补关系

连谓句里有的 V1 和 V2 是互相补充、互相说明的关系。例如：

①素梅板着脸儿不笑。
②他呆呆地站在那儿一动不动。

（6）"有"字型连谓句

谓语中连用的谓词性短语,前面是"有/没(有)"构成的动宾短语,构成"有/没(有)+宾语+VP"格式,宾语往往表示后面动作行为的条件、工具、材料、受事、能力等关系。例如：

①你有权保持沉默。
②他没有钱买大房子。
③小王有能力做好这件事。

四、兼语句

(一)兼语句的性质

兼语句是指兼语短语作谓语的主谓句。例如：

①大家选我当代表。
②我叫他回来。

一个简单的兼语短语由三部分组成：
A. 谓词性词语(记作 VP1)，如上面例句中的"选""叫"。
B. 名词性词语(记作 NP)，如上面例句中的"我""他"。
C. 谓词性词语(记作 VP2)，如上面例句中的"当代表""回来"。

兼语短语中这三部分的排列顺序是"VP1 + NP + VP2"，所以兼语句可记作"S + VP1 + NP + VP2"。一般语法著作认为，兼语句中的"VP1"跟"NP"是动宾关系，"NP"跟"VP2"是主谓关系。兼语短语就是由一个动宾短语和一个主谓短语相套接构成的。其中动宾短语的宾语兼作主谓短语的主语，即兼语短语里有一个宾语兼主语的成分，这个成分就是"兼语"。以例①中的谓语"叫他回来"为例，"叫他"是动宾短语，"他回来"是主谓短语；"他"在"叫他回来"这个短语中既是动词"叫"的宾语，又是V2"回来"的主语，这个名词性词语"他"就成了"兼语"。

(二)兼语句的类型

1. "使令"义动词作 VP1 的兼语句

表示"使令"义的动词在充当兼语句中的VP1中占的比例很大。常见的动词有：护送、陪同、组织、鼓励、训练、培养、委托、请求、求、派遣、派、促使、强迫、逼迫、逼、催等。

①他鼓动我明天跟他去八达岭。
②领导派我来接您。
③你不该逼迫人家服从我们。

VP1 是表示"使令"意义的兼语句,这是典型的兼语句,也占兼语句中的大多数。这些表示使令意义的动词有的只有使令意义,如"使""让",至于使令意义的产生从动词本身无法看出,所以这类兼语句的主语多数是个事件,即使是个名词性词语即指称,也隐含了陈述。例如:

①干旱使农村变得很穷。
②大雨使小王迟到了。

2. "交给"义动词作 VP1

这类动词常见的有:让给、赏赐、赏、递、租、借、交、给等。例如:

①他给我一件衣服穿。
②房东租给我一间地下室住。

这类兼语句的特点是:
(1)VP1 后通常带有两个名词性成分,VP2 的位置处在句末,其后除了语气词外不能再带别的成分。
(2)VP2 一般是单音节动词,或者是单音节动词的重叠式(如"我给你个东西看看"),双音节动词一般不能充当 VP2。
(3)这类兼语句中的 VP2 去掉之后大都可以成为双宾句(这些动词一般可以带双宾语)。如例①"他给我一件衣服穿"可成为"他给我一件衣服",例②"房东租给我一间地下室住"可成为"房东租给我一间地下室"。当直接宾语后再加一个动词时,就成了上面举的句子,增加的这个动词在语义上是原双宾语的间接宾语发出的动作,也就是说第二个动词跟间接宾语构成主谓关系或施事与动作的关系,把这类句子叫兼语句的理由即在此。

3. "喜怒"义动词作 VP1

常见的有:祝贺、祝、感谢、夸、称赞、表扬、厌恶、害怕、责备、责怪、埋怨、怨、佩服、喜欢等。例如：

①他嫌我走慢了。
②我爱他身强力壮能劳动。

这类动词表示"喜怒"等意义以及"表扬""批评"等评价意义，VP2 表示 VP1 发生的原因。这类兼语句都可变换成"因为……所以……"的格式，如"我爱他身强力壮能劳动"，可变换为"因为他身强力壮能劳动，所以我爱他"。

有学者把这类句子叫作原因类双宾语句，其实这类句子和双宾句有着明显的不同，双宾句的两个宾语之间没有任何结构关系，而这类句子中的 NP 和 VP2 之间构成了主谓关系，不应该把它们看作双宾句。

4. "称呼"义动词作 VP1

常见的有：称、封、追认、认、叫、称呼等。例如：

人们称他是万金油。

这类兼语句中的 VP1 都表示"称呼"义。VP2 是个动宾短语，这个动宾短语由"为""是"等动词后带表示称谓的名词性词语构成，如上例中的"是万金油"，如果把动宾短语中的"为""是"去掉，这类兼语句就变成了双宾句，如上例，"人们称他是万金油"可变换成"人们称他万金油"。

5. "有无"义动词作 VP1

"留""剩""没有""无""有"等动词后面若跟表示人或动物类的名词或代词，并且名词或代词有谓词性后续成分，这类"有无"义动词句就可以看作兼语句。例如：

①山洼里有个村子叫唐庄。
②咱们这里没有人喜欢打排球。

这类动词表示"领有""存在"等意义，由它们充当动词构成的兼语句，句中的 VP2 可以提到"NP"之前，充当"NP"的定语，如例①"山洼里有个村子叫唐庄",可变换为"山洼里有个叫唐庄的村子";例②"咱们这里没有人喜欢打排球",可以变换为"咱们这里没有喜欢打排球的人"。

第五章 实用视角下的现代汉语复句研究

　　复句和单句一样,都是语法、语义相统一的结构体。语法为表,是形;语义为理,是内容。同一语法形式可以表达不同类型的逻辑语义,同类逻辑语义也可以用不同的语法形式实施表达。例如单句的主谓结构中,其语义关系就有"施事—受事""受事—施事""话题—评论"等的不同,复句也是如此。

第一节　复句概述

一、复句的含义和特点

复句是由意义相关而互不作句法成分的分句与分句、分句与分句组，或分句组与分句组构成的，有句子语气的语言单位，是具有复合性的句子。

所谓复合性，指由分句与分句、分句与分句组，或分句组与分句组相组合的性质。

复句的特点主要包括以下几方面：

（1）由意义相关而互不作句法成分的分句与分句、分句与分句组，或分句组与分句组构成。

（2）有句子语气。

二、复句与单句的区别

结构不同。单句由句子成分直接构成，或由词独立而成（论主体构件）。因此，主体构件只有一个词的句子是单句，由句子成分直接构成（直接分析为句子成分）的句子也是单句。

复句由意义相关而互不作句法成分的分句与分句、分句与分句组，或分句组与分句组构成。因此，包含几个分句或分句组的句子，才是复句。也就是说，主体构件既不是一个词，也不是由句子成分直接构成的句子，才是复句。例如：

①水果！（单句）
②我要吃水果！（单句）
③这种水果好吃又好看。（单句）
④这种水果不但好吃，而且好看。（单句）

⑤这种水果虽然好吃,但是不好看。(单句)
⑥这种水果好吃,我买这种水果。(复句)

上文论述过,单句可分为:成分句、非成分句。成分句可分为:有主谓的成分句、无主谓的成分句。

非成分句不会被误认为复句。成分句与复句的区别有时不太明显,必须仔细分辨。分辨的办法是:

看整体是不是由句子成分直接构成的,是不是呈现出单句的格局。如果是的,那就是单句中的成分句,否则便是复句。例如:

①这里山也美,水也美。
②这里山也美,这里水也美。

例①整体是由句子成分构成的,呈现出单句的格局。"这里"被陈述,是主语;"山也美,水也美"用来陈述,是谓语。整个句子既可以问:这里怎么样?然后答:这里山也美,水也美;又可以问:哪里山也美,水也美?然后答:这里山也美,水也美。因此,例①是单句中的成分句,即例①是单句。

例②整体不是由句子成分构成的,不呈现出单句的格局。整个句子也不能像对单句一样提问,然后回答。因此,例②不是单句中的成分句,而是复句。

例①可否理解为"水"前省略了"这里"呢?不可,因为"这里山也美,水也美"并不等于"这里山也美,这里水也美",前者是用"山也美,水也美"这个整体来陈述"这里"的,后者是先用"山也美"来陈述第一个"这里",再用"水也美"来陈述第二个"这里"的,即"这里山也美,水也美"只对"这里"作一次陈述,而"这里山也美,这里水也美"却对"这里"作两次陈述。由于"这里山也美,水也美"并不等于"这里山也美,这里水也美",因此,不能把"这里山也美,水也美"理解为"这里山也美,这里水也美"。如果强行这样理解,那就歪曲了例①的意思。

下列句子都貌似复句,而实际上都是单句,因为它们都是由句子成分构成的,都呈现出单句的格局,其中画线的部分都只是一个句子成分。

①他一边收拾行李,一边认真思考刚才谈的问题。(谓语)
②绿既是美的标志,又是科学、富足的标志。(谓语)
③世界上有思想的人应先想到事情的结局,随后着手去做。(状后中心语)
④说假话的人会得到这样的下场:他说的真话也没人相信。(宾语)
⑤哥白尼的地动学说不仅带来了天文学上的革命,而且开辟了各门学科向前迈进的新时代。(谓语)
⑥宝石不管放在哪里,都会晶莹夺目。(谓语)
⑦这几个未成年人因为一时糊涂,所以犯了错误。(谓语)

在各种现代汉语教材上,把单句误认为复句的现象很普遍。之所以误认,是因为有的学者并未真正弄清复句与单句的区别。

单句中的句子成分可以是"复句形式",故不能一见到"复句形式",就认为某句子是复句。

复句形式可以作谓语吗?可以。复句形式指具有复句的形式而无复句的本质,只用作句法成分的语言单位。复句形式可以作宾语定语、补语,甚至主语。例如:

①大家发现风停了,浪也静了。(作宾语)
②他是一个既不会撒谎、又不会打圆场的人。(作定语)
③他说得虽然有道理,但不中听。(作补语)
④这个也要,那个也要,不现实。(作主语)

因此,没有理由说复句形式不能作谓语。
复句形式作谓语的单句,可称复谓式单句(复谓句)。比较:

①这种树春天不开花。(一般单句)
②这种树春天不开花,夏天也不开花。(复谓式单句)
③这种树,春天不开花,夏天不开花,秋天也不开花。(复谓式单句)
④这种树,春天不开花,夏天不开花,秋天也不开花,冬天才开花。(复谓式单句)

⑤这种树,春天不开花,夏天不开花,秋天也不开花。只有到了冬天,等到雪花飞舞时,它才绽放白里透红、小巧玲珑、香气淡淡的花朵。(两句:句群)

与把单句误认为复句相似的是,把一个分句误认为多个分句。例如:

我赞美白杨树,就因为它不但象征了北方的农民,尤其象征了今天我们民族解放斗争中所不可缺少的质朴、坚强以及力求上进的精神。

其中的"它不但象征了北方的农民,尤其象征了今天我们民族解放斗争中所不可缺少的质朴、坚强以及力求上进的精神"是一个分句,而不是两个分句,因为画线部分是它的谓语。

若把此句的原因部分提前,则如下表述:

因为白杨树不但象征了北方的农民,尤其象征了今天我们民族解放斗争中所不可缺少的质朴、坚强以及力求上进的精神,所以我赞美它。

其中的"白杨树不但象征了北方的农民,尤其象征了今天我们民族解放斗争中所不可缺少的质朴、坚强以及力求上进的精神"也是一个分句,而不是两个分句。

三、复句的结构单位

复句的结构单位,也就是复句的构件。复句的构件不只有分句,还有分句组。

(一)分句

1. 分句的特点

分句是复句中的相当于单句的语言单位。其特点是:(1)复句中的语言单位;(2)相当于单句。

判断一个语言单位是不是分句,一看它是不是复句中的,二看它是不是相当于单句。如果它是复句中的,又相当于单句,那么它是分句,否则不是分句。例如:

①春天来了,燕子回家了。
②虽然现在是夏天,但这里却像春天一样。
③有些学过现代汉语的人,也不会分析句子成分。

例①中的"春天来了"和"燕子回家了"都是分句,因为它们既是复句中的语言单位,又相当于单句。

例②中的"现在是夏天"和"这里却像春天一样"也都是分句,同样因为它们既是复句中的语言单位,又相当于单句。

例③中的"有些学过现代汉语的人"和"也不会分析句子成分"都不是分句,因为它们既不是复句中的语言单位,又不相当于单句。为什么这样说?因为本例不是一个复句,而是一个单句。为什么这样说?因为本例中的"有些学过现代汉语的人"和"也不会分析句子成分"互相作对方的句子成分,前者是后者的主语,后者是前者的谓语。①

分句相当于单句,是指分句既有单句一样的结构,又有单句一样的语气,只是不独立成句罢了。

分句有单句一样的语气,因此,分句也有陈述语气、疑问语气、祈使语气、感叹语气。例如:

④爸不懂得怎样表达爱,使我们一家人融洽相处的是我妈。
⑤如果让你从猪肉和萝卜中选择一样,那么你选哪样?
⑥时间到了,请交卷!
⑦下雨能使空气清新,下雨多好啊!

例④中的两个分句都有陈述语气。例⑤中的第一个分句有陈述语气,第二个分句有疑问语气。例⑥中的第一个分句有陈述语气,第二个分句有祈使语气。例⑦的第一个分句有陈述语气,第二个分句有感叹语气。

句子的语气叫句子语气,分句的语气可叫分句语气。

---

① 张文元等.现代汉语教学参考[M].北京:中华书局,2016.

需要特别注意的是：复句中的关联词语有的为连词，有的为副词。其中的连词不是分句的有机构成部分，只是把相关构件连接起来的纽带，其作用类似螺丝钉和胶水的作用。例如：

因为海南很热，所以我不想在海南过夏季。

其中，"因为"不是第一个分句的有机构成部分，第一个分句只是"海南很热"；"所以"也不是第二个分句的有机构成部分，第二个分句只是"我不想在海南过夏季"。

2. 分句与单句的区别

分句未独立成句，单句已独立成句。例如：

①春天来了，燕子回家了。
②春天来了。燕子回家了。

例①中的"春天来了"和"燕子回家了"都是分句，都未独立成句。例②中的"春天来了"和"燕子回家了"都是单句，都已独立成句。

(二)分句组

1. 分句组的含义

"复句是由两个或两个以上的分句构成的"这一说法不够准确，因为有的复句并不是由几个分句直接构成的。例如：

既然大家累了，时间又还早，那我们就休息一会儿吧。

这个复句就不是由"大家累了""时间又还早""我们就休息一会儿吧"这三个分句直接构成的，而是由"大家累了，时间又还早"和"我们就休息一会儿吧"直接构成的。而"大家累了，时间又还早"不是一个分句。它是什么呢？它是分句组。

分句组是存在于多重复句(多层复句)中的几个分句的组合体。又如：

　　昨天下了雨,今天也下了雨,因此空气很好。

其中的"昨天下了雨,今天也下了雨"就是一个分句组。

多重复句并不是由分句与分句直接构成的复句,而是由分句与分句组,或分句组与分句,或分句组与分句组直接构成的复句。

没有分句组的复句不可能是多重复句。换句话说,多重复句中必然有分句组。认识分句组,有助于正确分析多重复句。

2. 分句组的类型

（1）单层分句组。

（2）多层分句组。

后者指有些分句组的内部还有分句组。例如：

　　无后坐力炮

"无后坐力"这个语素组的内部还有"后坐力"这个语素组,而"后坐力"这个语素组的内部还有"后坐"这个语素组。

四、复句的变化和转化法则

（一）复句的变化法则

复句的变化体现为两种句式：倒装句、紧缩句。因此,复句的变化法则是其倒装、紧缩的法则。

1. 复句倒装的法则

（1）因果复句倒装

为了强调结果而先说结果后说原因。例如：

　　鬼子就要进村了,所以我们要赶快上山。
　　既然先说好了,那就按说好的办吧。

倒装为：

我们要赶快上山,因为鬼子就要进村了。
那就按说好的办吧,既然先说好了。

(2)假设复句倒装
为了强调结论而先说结论后说假设。例如：

如果你想为党做点儿什么,你就留下来吧。
要是水开了,壶就会鸣笛。

倒装为：

你留下来吧,如果你想为党做点儿什么。
壶会鸣笛,要是水开了。

(3)条件复句倒装
为了强调反应而先说反应后说条件。例如：

只要有陌生人来,小狗就会汪汪直叫。
无论你怎么说,他就是不同意。

倒装为：

小狗会汪汪直叫,只要有陌生人来。
他就是不同意,无论你怎么说。

(4)转折复句倒装
为了强调转折而先说转折后说让步。例如：

虽然他没上过大学,但他有丰富的知识。
尽管那事已经过去很久了,他依然没有忘记。

倒装为：

他有丰富的知识,虽然他没上过大学。
他依然没有忘记那事,尽管已经过去很久了。

2. 复句紧缩的法则

(1) 因果复句紧缩。
(2) 假设复句紧缩。
(3) 条件复句紧缩。

因说话人取消停顿、削减词语,有的复句变成了紧缩句。例如：

①如果人勤,那么地也不会懒。
→人勤地不懒。
②如果(既然)有祸,那就必定有福。
→有祸必有福。
③无论(不管)在哪儿,你都要好好工作。
→在哪儿你都要好好工作。

(二) 复句的转化法则

复句的转化指一种复句转化为另一种复句。
(1) "并列复句—递进复句"转化。例如：

①山都是青的,水都是绿的。(并列复句)
②不但山都是青的,而且水都是绿的。(递进复句)

这两个复句可互相转化。
(2) "因果复句—假设复句"转化。
汉语中有因果复句与假设复句相反相成的规则,即反映同一事理的因果复句和假设复句语义相反、耦合相成。我们可以把这种规则叫作"因果—假设反成"规则。

下面三对句子就体现了这一规则：

①因为今天很热,所以我穿背心。(因果复句)
　如果今天不热,那我就不穿背心。(假设复句)
②由于你跑得快,因此追上了她。(因果复句)
　假如你跑得不快,那你就追不上她。(假设复句)
③河水是清的,所以能看见水中的鱼。(因果复句)
　若是河水不清,那就看不见水中的鱼。(假设复句)

"因果—假设反成"有以下四种类型：

第一,如果因果复句是"肯定—否定"的意思,那么假设复句就是"否定—肯定"的意思。例如：

　因为我病了,所以没上班。
　如果我没病,就会去上班。

第二,如果因果复句是"否定—肯定"的意思,复句就是"肯定—否定"的意思。例如：

　因为今天没放假,所以要上班。
　如果今天放假,那就不上班。

第三,如果因果复句是"肯定—肯定"的意思,复句就是"否定—否定"的意思。例如：

　因为菜好,所以吃了很多饭。
　如果菜不好,就不会吃那么多饭。

第四,如果因果复句是"否定—否定"的意思,那么假设复句就是"肯定—肯定"的意思。例如：

　因为你没来,所以资料没发给你。
　如果你来了,资料就会发给你。

运用"因果—假设反成"规则时可以出现以下两种变化情况：
第一种，假设复句的后一分句可以是反问句。例如：

因为这部电影好看，所以我看了两遍。
如果这部电影不好看，我会看两遍吗？

第二种，两个复句可以同时并用，也可以只用其中的因果复句或假设复句。当只用其中的一个复句时，与之相反相成的另一个复句就成为潜台词。例如：

一个八十岁的老人试挑100斤重担。他试了一下，挑不起来，然后他说："我老了，所以挑不动了。"这是一个"因果—假设反成"句中的因果复句，其潜台词是"如果我没老，那就挑得动"。即：

我老了，所以挑不动了。
如果我没老，那就挑得动。（潜台词）

又如：一个人说另一个人的背上有两个字，另一个人问他是什么字。这个人说："要是我认识，我早就告诉你了。"这是一个"因果—假设反成"句中的假设复句，其潜台词是"我不认识这两个字，所以没办法告诉你"。即：

我不认识这两个字，所以没办法告诉你。（潜台词）
要是我认识，我早就告诉你了

运用"因果—假设反成"规则时不能将因果复句与假设复句交叉起来连接。例如：

①因为这里空气好，所以我们来这里散步。
  如果这里空气不好，那我们就不会来这里散步。
②因为今天是她的生日，所以她收到了生日礼物。
  如果今天不是她的生日，那她就不会收到生日礼物。
③由于有双层保护，因此没有伤及皮肤。

假如没有双层保护,可能就伤及皮肤了。
④好在你及时赶到了,因而避免了损失。
要是你没能及时赶到,损失将不可避免。

以上四对如果交叉连接,就会违背"因果—假设反成"规则,就会造出下列不合逻辑的病句:

★因为这里空气好,那我们就不会来这里散步。
★如果这里空气不好,所以我们来这里散步。
★因为今天是她的生日,那她就不会收到生日礼物。
★如果今天不是她的生日,所以她收到了生日礼物。
★由于有双层保护,不然可能就伤及皮肤了。
★假如没有双层保护,因此没有伤及皮肤。
……

第二节 现代汉语复句的类型分析

一、联合复句

如果复句的各个分句之间在语法上是平等的、不互相修饰或说明,这种复句就是联合复句。按分句之间的意义关系,联合复句又可分为以下几类:

(一)并列复句

1. 平列关系

各分句分别叙述或描写几件有联系的事情、几种情况或同一事物的几个方面。这种复句可以不用关联词语(连词和起关联作用的副词)。例如:

我们每天复习生词,写汉字,做练习。

有的用"也""又""同时""又……,又……""一面……,一面……""一边……,一边……"等关联词语。例如:

①这是新书,那也是新书。
②他又会汉语,又会英语。

2. 对比关系

这类并列复句一般由两个分句组成,两个分句在意义上有互相对比映衬的作用。这类复句,除第二个句子开头可以用连词"而"以外,一般不能用什么关联词语。例如:

张老师教三班,李老师教四班。

3. 分合关系

分合关系复句,或是先总提,再分述,或是先分述,再总结,总提(或总结)部分与分述部分是并列关系。例如:

两头都要抓紧,学习工作要抓紧,睡眠休息娱乐也要抓。

(二)承接复句

承接复句的各分句依次叙述连续发生的几个动作或几件事情,各分句的先后次序是一定的,不能颠倒。各分句可以都不用关联词语。例如:

走着走着,他停住了。

也可以用"(首先)……,然后……"连接。例如:

××教师首先讲了话,然后学生代表也讲了话。

也可以只在第二分句中用"便""就""又""也""于是"等关联词。例如：

我和母亲也有些惘然,于是又提起闰土来。

（三）递进复句

递进复句的后一分句比前一分句表示的意思更进一层。这种复句常用的关联词语,前一分句是"不但""不仅",后一分句是"而且""并（且）""也""还""更""甚至"等。

有时两个分句都用关联词语。例如：

他不但会说英文,而且说得很流利。

也可只在第二个分句用关联词语。例如：

他一定得来,而且一定得早到。

第一个分句用不用"不但""不仅"等关联词语,所表达的意思有细微的差别。例如：

他会说英语,而且还会说法语。

（四）选择复句

有两个或两个以上的分句,分别说出几件事情,要从中选择一件,这样的复句是选择复句。选择复句可以分为以下两种：

（1）在两项或几项中任选一项,有"或此或彼"的意思。在陈述句中用"或者（或是、或）……,或者（或是、或）……""要么……,要么……"；在疑问句中用"（是）……,还是……"。例如：

①你们坐飞机去,还是坐火车去？
②明天你们是去颐和园,还是去香山？

（2）两项中只能或必须选择一项，有"非此即彼"的意思，常用的关联词语是"不是……，就是（便是）……"。例如：

这孩子每天不是打球，就是游泳。

二、偏正复句

复句中的分句如果在表达意义上有主要的，有次要的，而不是平等的，这样的复句就是偏正复句。偏正复句中表达主要意思的分句是正句，另一个分句是偏句。按偏句与正句的意义关系，偏正复句可分为以下几类：

（一）因果复句

1. 说明因果句

这种复句的偏句说明原因，正句说明这个原因所产生的结果。常用的关联词语是"因为……，所以……""由于""因而""因此""以至于"等。说明因果句可以在两个分句中都用关联词语，也可以只在一个分句中用关联词语，也可以根本不用关联词语。例如：

因为天气不好，所以我们没去颐和园。

"因为……，所以……"常常成对地用；"由于"常常单用；"以致"多用于后果不好的情况。

2. 推断因果句

偏句表示原因，正句表示由这个原因做出的推断。常用的关联词语是"既然……就……"。例如：

既然喜欢，就应该坚持下去。

推断因果句的正句，有时用疑问形式，如上例，这样有加强语气的作用。

说明因果句与推断因果句的区别：

（1）说明因果句的正句说的是已实现的事实，而推断因果句的正句说的是还没有实现或不清楚是否已实现的事实。比较：

① A：小刚为什么没去打球？
  B：因为外边下雨，所以小刚没有去打球。
② A：现在外面在下雨，小刚还会去打球吗？
  B：既然外边下雨了，小刚就不会去打球了。

（2）推断因果句中，由"既然"引导的分句对听说双方来说是已知信息，说话人由此推出后面的结论；而说明因果复句，由"因为"引导的分句对听话人来说不是已知信息。比较：

① 学生：老师我头疼。
  老师：既然你头疼，就不要上课了，回家去吧。
② 老师：你昨天为什么没来上课？
  学生：因为我昨天头疼得很厉害，所以没来上课。

（二）转折复句

偏句叙述一个事实，可是正句没有顺着这个事实得出结论，而说出了一个相反或部分相反的事实，这样的复句叫转折复句。转折复句又分为两种：

1. 重转

两个分句意思完全相反的是重转，常用的关联词语有"虽然……，但是（可是）……""否则""不然"等。例如：

她虽然不是他的妈妈，可是比他妈妈对他还好。

有的偏句不用"虽然"等，只在正句用"但是""但""可是""然而"等，这样的转折复句，语气上缓和些。例如：

人们都在灯下匆忙,但窗外很寂静。

2. 轻转

常用的关联词语有"不过""却""只是""就是"(用在正句)等。例如:

对,在说话,不过这只有海员才懂。

(三)条件复句

偏句表示条件,正句表示结果。条件复句又可分为以下两种:

1. 特定条件句

正句表示结果,偏句提出实现此结果所需要的条件。"只要"指出所需要的充足的条件,只要有此条件,就能产生正句所说的结果,正句一般用"就"关联。例如:

只要你肯努力,就一定能学好。

"除非""只有"指出实现结果的唯一条件,没有这个条件就不能产生正句所说的结果,正句一般用"才"关联。例如:

除非你也去,不然我才不去呢!

偏句用"除非"时,正句如果是双重否定,也可以用"就"关联。例如:

除非你也去,不然我就不去。

2. 无条件句

这种复句表示在任何条件下都会产生正句所说的结果。常用的关联词语有"不管(不论、无论)……,却(也、总、还)……"。例如:

无论谁参加我们组,我都欢迎。

(四)假设复句

偏句提出一种假设,正句说出在这种情况下会出现的结果。在口语里常用的关联词语是"要(是)……,(就)""如果……,(就)……"等;书面语偏句多用"假如""倘若""如""倘使""设若"等,正句多用"就""便""那么"等。例如:

要是找到了鸡,也就能找到鸡蛋的主人了。

偏句也可以不用关联词语。例如:

①你早说,我今天就不来了。
②你不来,我就给你送去。

有时偏句、正句都可以不用关联词语。例如:

有什么困难,我们一定帮您解决。

假设复句所叙述的可能是已成事实的情况,也可能是未成事实的情况,以后者为多。比较:

①如果你早来两天,就看见老李了。
②你要是早点来,还能看见老李。

例①说的是已过去的事实,所提出的假设是不可能实现的;例②说的是尚未实现的事情,所提出的假设是可以实现的。

(五)让步复句

偏句承认某种事实,做出让步,正句从相反的方面说出正面的意思,这种句子叫让步复句。常用的关联词语,偏句是"尽管""纵然""固然""即使""哪怕""就是"等,正句是"也""都"等。让步复句又可分为两种:

1. 事实上的让步

偏句所说的事实是已实现的。例如:

  他固然不对,可是你的态度也不好啊!

偏句也可以不用关联词语。例如:

  你是很聪明,可是因为不努力,学习成绩一直不好。

2. 假设的让步

偏句提出的事实是一种假设。例如:

  哪怕就剩下我一个人,也要坚持下去。

(六)取舍复句

两个分句表示不同的事物,说话者决定取一舍一,用"与其……,不如……"关联时,所取在后,用"宁可……,也(决)不……"关联时,所取在前。例如:

  ①与其等死,不如起义反抗。
  ②他们宁可饿死,决不动摇。

用"宁可……,也……"关联时,两个分句所表示的都是所取的。例如:

  我宁可一夜不睡觉,也要把这篇文章写完。

取舍复句与选择复句不同,它表示已经经过比较,决定了取舍。

(七)目的复句

偏句表示目的,正句表示为达此目的采取的行动。一般在偏句中用关联词语"为""为了"等。例如:

为了搞好设计,技术人员不怕危险,吊在悬崖上进行工作。

也可以在第二个分句用"免得""以免""以便"等关联词语。例如:

他近来减少了社会活动,以免影响学习。

(八)时间复句

偏句表示时间,正句表示在这个时间里发生的事情或出现的情况。时间复句一般不用连词,可在第二分句用关联副词"就""还""才"等。例如:

到山上干了半天活,天还不亮。

也有不用关联词语的。例如:

我刚走进教室,上课铃响了。

(九)连锁复句

偏句与正句紧密相连,分句中一般出现同样的词语(如"越……,越……"或疑问代词等)。例如:

①哪里有困难,他就出现在哪里。
②时间越长,效果越显著。

在偏正复句中,一般是偏句在前,正句在后(见上述各类复句中的例句)。有些偏正复句,也可正句在前,偏句在后,后出现的偏句一定要用关联词语,这种复句含有补充说明的意味,有时有突出偏句的作用。

第三节 多重复句与紧缩复句研究

一、多重复句

（一）多重复句的定义

一个复句如果只由两个分句组成，它们的关系较为简单，容易弄清楚。但实际的语言现象特别是书面语言中，不少复句具有比较复杂的结构，也就是说，某个复句中的一个或几个分句本身往往也是复句。这样的复句也就形成了多个层次。[①]

凡是包含三个或三个以上的分句，同时又有两个或两个以上层次关系的复句，称为多重复句。

为了弄清楚多重复句内部分句之间的关系，要学会分析复句的层次。一般用单竖线（"｜"）表示第一层次，用双竖线（"‖"）表示第二层次，以下类推。还要在竖线下方用括号注明分句之间的关系。

（二）多重复句的分类

多重复句大致有以下几种：

1. 二重复句

二重复句即有两个层次的复句。又包括两种情形：

（1）其中一个分句是复句，另一个分句是"单句"（不是真正意义上的单句，所以加引号）。例如：

虽说故乡，｜（转折）然而已没有家，‖（因果）所以只得暂寓在鲁四老爷的宅子里。

这个复句的"然而"之后有两个分句，是因果关系，这两个分句组成

---

① 朱成器.现代汉语语法教程[M].北京：对外经济贸易大学出版社，2002.

一个复句。"说故乡",是一个由"单句"充当的分句,和后边那个由复句充当的分句构成转折关系,是全句的第一层次,而表示因果关系的是第二层次,这是一个二重复句。又如:

事情有大道理,‖(并列)有小道理,|(转折)一切小道理有大道理管着。

这个复句的"一切"之前有两个分句,是并列关系,这两个分句组成一个复句。"一切小道理有大道理管着"是由一个"单句"充当的分句,和前边那个由复句充当的分句,虽然并没有关联词语作标志,但可以从意念上判断它们之间是转折关系,是全句的第一层次,而表示并列关系的是第二层次,这也是一个二重复句。

(2)两个分句都是复句。例如:

①人们因为能忘却,‖(因果)所以自己能渐渐地脱离了受过的苦痛,|(并列)也因为能忘却,‖(因果)所以往往照样地再犯前人的错误。
②和朋友谈心,‖(假设)不必留心,|(转折)但和敌人对面,‖(假设)却必须刻刻防备。

例①的"也"字前后的分句都是由复句充当的,它们之间是并列关系,是全句的第一层次;这两个充当分句的复句,其分句之间都是因果关系,是第二层次。例②的"但"字前后的分句也都是由复句充当的,它们之间是转折关系,是全句的第一层次;这两个充当分句的复句,其分句之间都是假设关系,是全句的第二层次。

这两个二重复句,一个用了关联词语,另一个只用了"但"字,既可以凭关联词语,也可以从意念上确定分句之间的结构关系。

2. 三重复句

三重复句即有三个层次的复句。例如:

倘若相信鬼还要用钱,‖(假设)我赞成北宋人似的索性将铜钱埋到地里去,|(转折)现在那么的烧几个纸钱,‖(转

折)却已经不但是骗人,骗自己,||||(递进)而且简直是骗鬼了。

这个复句的"现在"前后的分句都是由复句充当的,它们之间是转折关系,是全句的第一层次;前一个由两个分句构成的复句,其分句之间是假设关系,是第二层次;后一个复句是由三个分句构成的,"却"字后边是由两个分句构成的又一个复句,和前边的一个分句是转折关系,也是第二层次;"而且"前后的两个分句构成递进关系,是第三层次。这个复句是三重复句。

3. 四重复句

四重复句即有四个层次的复句。例如:

要下河①,|(假设)最好是预先学一点浮水工夫②,|||(转折)不必到什么公园的游泳场③,‖(并列)只要在河滩上就行④,‖(转折)但必须有内行人指导⑤。

在汉语的书面语言中,常见的是二重复句和三重复句。四重复句不多见,五重以上的复句更是少见。

(三)多重复句的分析方法

分析复句的层次,是为了准确地理解复句中分句之间的结构关系,以便确切地把握句子所表达的内容。因此不要为分析而分析,陷入只重形式不重内容的极端。

分析多重复句,首先要统揽全局,从整体上去观察一个句子,理清楚这个复句有几个分句,找出提挈这个复句的第一层次,确认这个复句在整体上是什么样的关系;接着以第一层次为界,分别向两侧按顺序找出第二、第三、第四等层次。其次,充分利用关联词语判断分句之间的意义关系;如果分句之间并没有使用关联词语,那么既可以从意念上,也可以通过添加相应的关联词语,去判断它们在结构上和意义上的关系。

如果能把上面所说的几点结合起来去分析多重复句,那么也就比较容易地把一个多层次复句的结构关系揭示清楚。

二、紧缩复句

复句内部的分句之间,一般有语音停顿,在书面上用逗号、分号或冒号(用于分合关系的复句)隔开。但是有些复句,分句彼此连接紧密,中间没有语音停顿,在书面上不用标点符号隔开。从意义上看,它们是复句,但从结构上看,它们却像一个单句。这种用形似单句的形式来表达复句内容的句子,称为复句的紧缩,简称为紧缩复句。

紧缩复句从结构上看,表示了复句的转折、假设、条件等关系。例如:

①你跳进黄河里也洗不清。　　　　　　　(转折关系)
　(你即使跳进黄河里,也洗不清。)
②你拿不动就放下。　　　　　　　　　　(假设关系)
　(你如果拿不动,那就放下。)
③我有功夫一定帮你。　　　　　　　　　(条件关系)
　(我只要有功夫,就一定帮你。)

上述三例,从形式上看主语后边所包含的两个动词结构,类似连动式两个动词的连用,因此更像是单句,其实只要和括号内的句子相对照,可知它们包含了复句的关系,因此都是复句的紧缩形式,是紧缩复句。

紧缩复句常用一些具有关联作用的副词构成固定的特殊格式。例如:

(1) 越……越……

①生意越做越红火。
②他越说越激动。

(2) 一……就……

①我一接到电话就赶来了。
②他一不高兴就不说话。

（3）不……也……

①你不干也得干。
②他不想去也好。

（4）不……不……

①你不去不成。
②我们不打不相识。

（5）非……不……

①我非把这件事办完不放心。
②语言这东西非下苦功夫学不好。

（6）再……也……

①事情再难也难不倒我。
②他再穷也不求人。

值得注意的是，紧缩复句都只有一个主语，主语后边谓语部分包含两个成分，这和谓语部分只有一个成分的连锁式是不相同的。例如：

①形势越发展越好。
②形势越来越好。

①中主语"形势"后边的谓语部分"越发展越好"，包含了"发展"和"好"这两个成分，紧连在一起，因此①是一个紧缩复句。②中主语"形势"后边的谓语部分只有"好"这一个成分，而"越来越"是一个副词，表示程度随时间的推移而增强，用来修饰形容词"好"，因此②是一个单句。

第六章 实用视角下的现代汉语句群研究

　　句群既是大于句子的表达单位,也是由句到章的桥梁,当然也有人称句群是句组,无论如何称呼,句群在表情达意和交流思想任务时都起着重要的作用。为此,本章基于句群在语法系统以及语言表达中的重要作用,对句群的性质、类型、组合方式展开系统性研究。

第一节　句群概述

一、句群的定义

句群是在语义上有逻辑联系,在语法上有结构关系,在语流中衔接连贯的一群句子的组合,是介于句子和段落之间的,或者说是大于句子的语言表达单位。在语言运用中,句群是相对独立的语义—句法单位,它以一定的方式为组合标志,可以从语流中切分出来。

二、句群的特点

句群的特点主要体现在以下几个方面:
第一,从结构上看,句群当中的句子必须是两个或两个以上的句子。
第二,从意思上说,句群里的几个句子,上下连接而具有连贯性。同时,句与句之间井然有序,必须具有紧密的逻辑关系。
第三,从组合方式上看,句群当中的句子组合经常要采用一定的语法手段,比如借助关联词语,依靠严密的语序,等等。

第二节　现代汉语句群的类型分析

一、并列关系

句子与句子的结构关系是并列的,在逻辑事理上,常有相辅相成,或者相关,或者相对,相互映衬的关系。并列句群常用的关联词有"一方面……另一方面……""一则……再则……""也""又""还""相反""与此同时""此外""另外""同样""同时"等。例如:

①我的母亲很高兴,但也藏着许多凄凉的神情,教我坐下,歇息,喝茶,且不谈搬家的事。宏儿没有见过我,远远的对面站着只是看。

②下午,他拣好了几件东西:两条长桌,四个椅子,一副香炉和烛台,一杆抬秤。他又要所有的草灰(我们这里煮饭是用稻草的,那灰,可以做沙地的肥料),待我们启程的时候,他用船来载去。

(鲁迅《故乡》)

例①第一句写母亲,第二句写宏儿,两句分别写了两个人物。例②用"又"把前后两句并列起来。

二、承接关系

承接句群指几个句子一个接着一个地叙述连续发生的几个动作,或者连续发生的几件事。例如:

延安的城门成天开着,成天有从各个方向走来的青年,背着行李,燃烧着希望,走进这城门。学习、歌唱,过着紧张的快活的日子。然后一群群地,穿着军服,燃烧着热情,走散到各个方向去。

(何其芳《我歌唱延安》)

上述三个句子之间都是承接关系,第一句与第二句之间没有用关联词语,而是按时间顺序连贯下来的,第三句开头用了关联词语"然后"表示承接。

三、递进关系

递进关系的句群指后面的句子表达的语义比前面句子更进一层,常在后续句中用"更""甚至""尤其是""甚至于""特别是""更有甚者""何

况""进一步说""况且""并且"等关联词语。[1] 例如:

> 在这些时候,我可以附和着笑,掌柜是决不责备的。而且掌柜见了孔乙己,也每每这样问他,引人发笑。
>
> (鲁迅《孔乙己》)

四、选择关系

选择关系的句群,指几个句子分别说出几件事物或几个方面,表示选择其中的一件或一个。常在后续句中用"或者""还是""要么……要么……""是……还是……""或者……或者……""要不"等关联词语。例如:

> 这是什么?这不是红军的硝盐罐吗?要不,是给山头的红军送饭来了吧?
>
> (袁鹰《井冈翠竹》)

五、转折关系

转折关系的句群,是指前后句子不是顺着意思说,而是后面句子转到相反、相对或部分相反的意思上去。常在后续句中用"其实""不料""只是""不过""然而""但是""但""可是""可"等关联词语。例如:

> 现在,这巨礁早已炸掉。不过,瞿塘峡中,依然激流澎湃,涛如雷鸣,江面形成无数旋涡。

六、因果关系

因果关系的句群,指句子之间具有原因和结果的关系。常在句中使用"因为""所以""为什么……是因为""由此看来""其结果""原因是""由于""是因为"等关联词语。例如:

---

[1] 陈黎明,许建章. 现代汉语[M]. 青岛:中国海洋大学出版社,2006.

我喜欢海,溺爱着海,尤其是潮来的时候。因此即使是伴妻一道默坐在房里,从闭着的窗户内听着外面隐约的海潮音,也觉得满意,算是尽够欣幸了。

七、条件关系

条件关系的句群,是指前面句子提出条件,后面句子表达条件实现后出现的结果。常在后续句中使用"除非这样""只要这样""只有这样""就这样""才"等关联词语。例如:

你爱喝的咖啡多得很!我还有一罐哩!只要你能喝。

八、目的关系

目的关系的句群,是指句子之间有行为和目的的关系。常在句中使用"为的是""为此""是为了……""为什么……为的是……""借以""好""这是为了"等关联词语。例如:

我们大家辛辛苦苦为的是什么?就为的一个心愿:要把死的变成活的,把臭的变成香的,把丑的变成美的,把痛苦变成欢乐……

九、解说关系

解说关系的句群,是指句子之间有解释和被解释的关系或者证明和被证明的关系。有的句子提出某种看法,有的句子则对所提出的看法加以解释、说明、补充、引申。常在后续句中使用"意思是""换句话说""这就是说""据说""举例说""比如说""例如""像""如"等关联词语。例如:

为什么人服务的问题解决了,接着的问题就是如何去服务。

用同志们的话来说,就是:努力于提高呢,还是努力于普及呢?

(毛泽东《在延安文艺座谈会上的讲话》)

上述由两个句子组成,第一句提出如何服务的问题,第二句说明"如何服务"指的就是"努力于提高呢,还是努力于普及呢"。借助特定词语"用同志们的话来说",也就是采用变换说法使问题更明确、通俗的办法,组合成说明性的解说句群。

第三节 现代汉语句群的组合方式与训练方式研究

一、句群的组合方式

(一)意义组合方式

句子和句子之间从意义上进行组合,是一种常见的句群组合方式。这种组合方式主要借助语序依次排列,也就是说只依靠上下句语义上的连贯构成一个句群,在句与句之间,没有用任何语言形式作标志。例如:

你要是踩着那些窝儿下去,到十七米的地方就会发现井壁的一旁有一条隧道,刚好能容一个人爬进去。约摸爬过四米,就是一条垂直的隧道,有十米长,里头有一架木头梯子。顺着木头梯子爬上去,到头又是一条横的隧道,有三米长。弯着腰走过这条隧道,就看见一道门。进了门,第一眼就看见一架印刷机。——这就是那时候的地下印刷所。

(茅盾《第比利斯的地下印刷所》)

这是个承接句群,它由外及里,从上到下,有条不紊地介绍了地下印刷所的方向、距离、位置。这个承接句群不但在材料的安排上富有条理,而且不依靠任何关联词语,只靠句群的语意一句接一句地联结成文。一个句群无论使用了几个材料,写了多少句,都必须句句相连。前句引出后句,后句紧跟前句。这样在意义上,句群的意脉才能自然贯通,毫不间断;如果句群中句与句相互脱节,意脉不通,句群就会成为一个徒具形式、杂乱无章的集合体。

(二)形式组合方式

1. 用关联词语组合

用关联词语组合,是现代汉语句群的鲜明特点,是诸类组合方式中一种重要的组合方式。例如:

> 在已往的战争年月中,人们穿行在崎岖的山径和茫茫的荒野,每当风声怒号,夜色深沉时,多怕迷失了方向,迷失了道路,而又多么容易迷失方向和道路啊!可是,这时候,只要在路边,借着模糊的星光发现了前人设置的路标,就会发出惊喜的喊声,更加振奋地向前行进。
>
> (魏巍《路标》)

第一句和第二句之间用关联词语"可是"连接起来,前后两句表示转折关系。如果没有"可是"这一关联词语,上下句之间的转折关系就显示不出来。

句群和复句都可以使用关联词语,但是二者在使用关联词语方面却有差异。复句中可以成对使用的关联词语,在句群中往往单用。只有少数可以在句群中成对使用,如"首先……其次……再次……""一方面……另一方面……""一则……二则……""还是……还是……""或者……或者……""要么……要么……"。

这些成对的关联词语就完全可以用在一个句群内部的前后两句中。单用的关联词语不能用在前句,而只能用在后句的开头。

2. 用指代词语组合

句群中用指代词语不仅能使句子紧密连接在一起,而且能使语言简洁流畅,毫不拖沓,这是句群中常见的一种组合方式。例如:

> 那个更加沉静的姑娘,这时也微笑说:"我们的语文老师也不错,我就是喜欢跟他写作文。他出的题目好,总让人人都

有自己的话说,而且说起来没有完。他在卷本上,批改的并不多,但是他和每个学生谈话的时候,却能谈到几个钟头。现在我才知道写作文也可以是一件很快乐的事……"

(冰心《感谢我们的语文老师》)

上述句群中第二、三句的主语是"他",作者用人称代词"他"指代第一句中的"我们的语文老师",把两个句子相互紧密地组合在一起。读者一看到指代词语"他",就对上文的名称引起联想思考。

3. 用时间词语组合

用时间词语组合是指把句子按照事件的发生、发展的时间顺序排列起来的一种方法。以时间为序排列句子的时候,要求时间线索必须清晰。无论怎样组合句子,时间的概念必须清楚、明确,使读者读过之后,对句群的线索能得到一个完整的、清晰的认识。例如:

从此牛郎在地里耕种,织女在家里纺织。有时候,织女也帮助牛郎干些地里的活。两个人勤劳节俭,日子过得挺美满。转眼间两三个年头过去了,他们生了一个男孩,一个女孩。到孩子能说话的时候,晚上得空,织女就指着星星,给孩子们讲些天上的故事。

(《牛郎织女》,叶圣陶根据民间故事整理)

用"有时候""转眼间""到孩子能说话的时候"等这些表示时间的词语,使前后五个句子连接起来,构成一个按时间先后顺序排列的承接句群。

4. 用方位词语组合

客观事物在空间的排列上是有一定顺序的,是不能随意颠倒或打乱的。它反映到句群中就要用方位词语来进行组合。例如:

露天会场。西边是黑黝黝的群山。东边是流水汤汤的延河,隔河是清凉山。南边是隐隐约约的古城和城上的女墙。北边是一条路,沿了延河,蜿蜒过蓝家坪,狄青牢,直通去三边的阳光大道。

(吴伯箫《歌声》)

上述例子中,句群用方位名词"西边""东边""南边""北边",构成并列关系,说明露天会场的位置,给人以次序井然、方位明确的感觉。

5. 用数量词语组合

数量词语最容易表明句群内部各句之间的序列和它们之间的从属或并列等关系。数量词语常常用于总分句群和并列句群。在总分句群中,它表示总说句与分说句之间的总分/主从关系;在并列句群中,它表示句与句之间的并列关系。例如:

我们的门前修了暗沟,院后要填平老阴沟,一福。前前后后都修上了大马路,二福。我们有了自来水,三福。将来,这里成了手工业区,大家有活作,有饭吃,四福。赶明儿个金鱼池改为公园,作完了活儿有个散逛散逛的地方,五福!

(老舍《龙须沟》)

以上例子是用数量词语把前后句子组合在一起的。用"一福""二福""三福""四福""五福"这五个数量词语把五个句子组成并列句群。这些数量词语都是表示句与句之间的并列关系的。

6. 用重复词语或重复句式组合

在句群中,重复词语是指在相互邻近的句子里面,重复使用同一或同类词语,从而使几个句子环环相扣,组成一个句群;重复句式是指在句群中重复使用同一句式,使句与句之间彼此连贯沟通,组成一个句群。例如:

天上虽然富丽堂皇,可是没有自由,她不喜欢。她喜欢人间的生活:跟爸爸一块儿干活,她喜欢;逗着兄妹俩玩,她喜欢;看门前小溪的水活泼地流过去,她喜欢;听晓风晚风轻轻地吹过树林,她喜欢。

(《牛郎织女》,叶圣陶根据民间故事整理)

上述是由两个句子构成的句群。在前后两句中,"喜欢"这一词,重复出现六次,使前后两句紧密相连,脉络贯通一气。

(三)修辞组合方式

在修辞中,常常艺术地把相同句式或不同句式组合起来,取得最佳的表达效果。不少修辞手段起到组合句群的作用,如比喻、双关、仿词、反复、对偶、排比、设问、顶真等。

1. 用排比方法组合

用排比方法构成句群,是指把结构相同或相似、意义相关、语气一致的几个句子排列在一起,组合为一个句群。这种用排比方法构成的句群,一般是由三个或三个以上的比较复杂的句子构成的。这种句群便于表达强烈的感情,突出所描述和议论的对象,增强语言的气势;同时,由于句式整齐、节奏分明,还能增强语言的音乐美。例如:

大理花多,多得园艺家定不出名字来称呼。大理花艳,艳得美术家调不出颜色来点染。大理花娇,娇得文学家想不出词句来描绘。大理花香,香得外来人一到这苍山下、洱海边,顿觉飘飘然不酒而醉。

(曹靖华《点苍山下金花娇》)

上例是由四个句子构成的并列句群。这四个句子采用同样的句式,即用排比方法把四个句子组合起来,构成一个并列句群。这个句群的第一、二、三句用了排比句,但四句却用了散句。这样把排比句与散句结合起来使用,可以使句式富于变化,增强语言表达的效果。

2. 用比喻方法组合

用比喻方法构成句群,是指按照一个明晰的意义中心,把两个或两个以上的比喻句组成为一个句群。这种用比喻方法构成的句群,有明显的传情达意的效果,它连续运用几个比喻,以唤起人们的多种联想,从而增强语言的感染力。例如:

> 月下,这些树似乎都生活在梦里。他们似乎组成了儿童的集合,醉汉的行列。他们似乎在向我高声喧嚷,又向我絮语喋喋。他们似乎在手牵着手,肩并肩地行进,在围绕着我舞蹈,趑趄,徘徊,踥蹀。
>
> （屠岸《海岛之夜》）

上例是由四个比喻句构成的句群,每句都用比喻词"似乎"构成比喻句,并且用重复指代词"他们"的方法,紧紧把四个比喻句组合在一起,构成一个并列句群。

3. 用反复方法组合

用反复方法构成句群,是指由相连的几个句子构成的句群中,反复出现某些重要的词语或小句,而中间又被其他词语、句子隔开,从而使几个句子构成一个句群。这种句群使行文的条理清楚,脉络分明,它既可以强调重点,突出作者的思想感情,又可以增加旋律美,加强节奏感。例如:

> 我平素想,能够不为势力所屈,反抗一广有羽翼的校长的学生,无论如何,总该是有些桀骜锋利的,但她却常常微笑着,态度很温和。待到偏安于宗帽胡同,赁屋授课之后,她才始来听我的讲义,于是见的回数就较多了,也还是始终微笑着,态度很温和。
>
> （鲁迅《纪念刘和珍君》）

上例是由两个句子构成的句群。在句群中,前后两次使用"微笑着,态度很温和",把两个句子组合在一起构成并列句群。

4. 用顶针方法组合

用顶针方法构成句群,是指前一句的末尾部分做后一句的开头部分,即句子的头尾蝉联,前后句子相互递接,从而使几个句子组成为一个句群。这种句群能更好地反映事物联系的必然性,阐明事物间的辩证关系,能使句子之间语气连贯,语调流畅,句子之间环环相扣,毫不脱节。例如：

①大门朝东,对着大车路。大车路前面是一片沙滩,沙滩的尽头,横着一条小河。小河的那边又是沙滩……

(欧阳山《高乾大》)

②赶超,关键是时间。时间就是生命,时间就是速度,时间就是力量。

(郭沫若《科学的春天》)

例①和②都是用句子顶针的方法,把前后几个句子连接的,前后非常紧密,表现了事理之间的连锁关系。这样,借助上递下接的方法,把前后几个句子构成一个句群。

5. 用双关方法组合

用双关方法构成句群,是指在特定的语言环境中,借助语音、语义或对象之间的某些联系,使语句包含表面的和暗含的两种意思,也就是用言在此而意在彼的双关方法,使前后几个句子蝉联下去,构成一个句群。这种句群可以造成语言的含蓄性,使读者深入思考,感到余味无穷,从而增强语言的感染力。例如：

"你们算了!"老师笑着说:"算了! 算了!""我们算了,算了。我们算出来了!""你们算啦! 好啦好啦! 我是说你们算了吧,白费这个力气做什么?"

(徐迟《哥德巴赫猜想》)

上例中"算了"一词有两个意思：一是指证明出来了,二是指完结、结束、作罢的意思。这是用借义双关方法组合的句群。

6. 用设问方法组合

用设问方法构或句群,是指先连续提出几个问题,然后再说出自己的看法,或提出一个问题,回答一个,再提出,再回答。这种句群有时用"一问一答"方式构成,有时用"多问一答"方式构成。这种句群能使读者集中注意力,认真思考,从而加深读者的印象。如果把这种用设问方法构成的句群用于文章的开头,就能帮助读者领会文章的主题;如果用于段与段之间,就可以引起读者的连续思考,如果用于结尾处,既可以把握文章的中心,又能使人回味无穷。例如:

"五四"以来,中国青年起了什么作用呢?起了某种先锋队的作用,这是全国除开顽固分子以外,一切的人都承认的。什么叫做先锋队的作用?就是带头作用,就是站在革命队伍的前头。

(毛泽东《青年运动的方向》)

上例第一句用"设问"方法提出问题,第二句就紧接着回答,第三句又承接上文引出第二个"设问",然后再回答。这样,一个问题接着一个问题地解答,就使前后几个句子自然地构成一个句群。

7. 综合运用各种修辞方法组合

综合运用各种修辞方法构成句群,是指把各种不同的修辞手段根据语义的需要混合交错地配合起来,组成为一个句群。这种句群,句式灵活多变,能充分发挥语言的表现力,使语言生动活泼,发人深省。例如:

①有的人骑在人民头上:"呵,我多伟大!"
有的人俯下身子给人民当牛马。

(臧克家《有的人》)

②谁说党不能领导?
请看这长江大桥!
谁说成绩不是主要?
请看这长江大桥!
谁说群众的智慧并不高超?
请看这长江大桥!
谁说工农联盟可以不要?
请看这长江大桥!

(郭沫若《武汉长江大桥》)

例①,第一句的"有的人"和第二句的"有的人"相互映衬;第二句的"呵,我多伟大!"是引用,第二句的"俯下身子给人民当牛马"也是暗用鲁迅名句"俯首甘为孺子牛"。这是用"映衬"和"引用"这两种修辞方法组成的一个并列句群。例②,是综合运用"反问""反复""排比"等修辞方法,把八个句子连接在一起构成的一个并列句群。

(四)其他组合方式

1. 用承省方法组合

用承省方法组合,是指在特定的语言环境中,用承接前文省减某些句子成分的方法把几个句子组合为一个句群。这种句群能使语言简洁、明快,内容鲜明突出。例如:

有一次,我没头没脑地问她:"你几个孩子?"
"两个。"
"谁给你看着?"
"他姥姥。"

(刘真《长长的流水》)

第一句是始发句,后面三个句子是后继句。第二句里的"两个",实际上是"我有两个孩子"的省略,省略了主语和谓语,"谁给你看着"实际上是"谁给你看着孩子",省略了宾语,第四句是省略了谓语"看着"和宾语"孩子"。这个句群是用承省方法组合的承接句群。[①]

2. 用问答方法组合

用问答方法组合是指围绕一个语意中心,用问答方法把几个句子按内在的联系组合起来构成一个句群。例如:

敌人堆出一副狡猾的笑脸哄骗说:"自白就是自救。你自白了给你一份土地。"
"给个金人,我也不自白!"

[①] 林兴仁.句式的选择和运用[M].北京:北京出版社,1983.

"小小年纪好嘴硬呀,你不怕死?"

"怕死不当共产党员!"

(《生的伟大,死的光荣》)

例文中四个句子用一问一答的方式,组合为一个承接句群。此例实际上也是以问答方式构成的承接句群。

二、句群的训练方式

(一)句群教学训练的意义

句群的学习对学生来说十分重要,就阅读而言,能够帮助其提高阅读材料的速度、增强对篇章的理解能力。就写作而言,能够帮助其提高写作的质量,从思维逻辑、文笔脉络等各个方面得到体现,尤其是在议论文写作中表现更为明显。就教学而言,在语文教学过程中向学生输出句群知识,能够使学生将孤立、细碎的知识整体化,综合运用于句群分析和写作中。这一过程还能够对学生的思维能力进行锻炼。句群方面的教学和"段落教学"有着非常密切的关系。如果不对句群进行训练、不强调段落教学,那么在讲解关联词语、复句等知识点的时候就会出现内容不连贯、彼此孤立的状况。其中所讲到的因果、转折、并列、递进等也不过是些专业术语,仅在造句、改病句等情况下考虑和使用;而在呈"中心—支撑"关系的句群中,各类型复句则各自表现出不同的使用方式。同一类型复句的不同变化形式,其表意的侧重,只有在成片段、形成完整段落语言的时候才可以让读者准确地领会。"因此""总的来说""总而言之"……这些一向被轻视的句间关联词语在运用中实际上发挥着非常重要的作用,对于厘清文章脉络、驾驭篇章等都有十分明显的功能发挥。除此之外,修辞、词汇等知识,也能够以句群和段落为依托,得到具体灵活的运用。

对学生进行正规有效的句群训练,重视段落教学,充分反映了广大教育者具备加强基础、重视应用的教学指导思想,同时能切切实实帮助学生提升语言运用能力、增强逻辑思维能力。

（二）句群教学训练的具体方式

对学生进行句群教学训练,其最终想要达成的效果是学生能够了解并深刻理解这些知识点,能够熟练掌握并运用,最终将知识转化为技能。句群教学训练不是一蹴而就的,也不是在短时间内就得以完成的,其需要在计划的指导下,按部就班地、一步一个脚印地持续推进,从课堂内到课堂外,从理论知识到实践活动,贯穿于整个语文教学过程中。当前,句群教学训练的具体方式主要有如下几种:

1. 说、写句群训练

通过以往的教学实践和教学成果来看,仅仅对学生进行造句训练是不够的,还要对其进行"造句群"训练。随着学生年龄越来越大、升入更高的年级,一部分造句的训练将会被"造句群"替代,与此同时,还需要对学生进行说、写句群训练。

根据成长、受教育甚至执教的经验,老师通常只要求学生造句、写作文,很少要求学生写句群。长久以来,句群训练不受重视。但是我们应该认识到句群的重要性,其是连接句子和段落、文章的桥梁,只有通过句群,一个个独立的句子才能成为完整的段落、文章,一个个孤立的句法才能成为统一的章法。通过句群训练,学生的语言运用能力得到提升、逻辑思维能力得到增强,可以非常快速、有效地改掉前言不搭后语的毛病。

对学生进行句群写作训练的时候,主要可以通过如下两种方法:第一,在黑板上列出一个中心句,要求学生以这个中心句为核心,引申、扩展,从而写出一个完整的句群;第二,在黑板上列出几个句子,其在意义上有逻辑关系,并非互不相关的几个句子,要求学生根据这几个句子提炼出一个中心句。

需要特别注意的是,不可上来就对学生进行句群训练,句群训练应该建立在组词、造句训练的基础上,循序渐进,以适合学生的方式进行句群训练,使学生一步步接收、消化相关知识。说、写句群训练是所有方式中最简单、最基础、最重要的方式。

2. 抄写、听写句群训练

统编教材里经常出现抄写、听写句群的训练,抄写、听写不难,难就难在使用什么样的抄写、听写训练方法。以听写句群训练为例,教师可以连续报三遍,第一遍的时候让学生大致了解句群的大意,第二遍的时候让学生对句群内部结构有一个清晰的认识,听清楚这个句群由几个句子构成,第三遍的时候让学生听清楚其中的标点符号。在这一系列流程结束后,再让学生写出句群。这样的做法和原来的听写句群训练大有不同,原来的逐词听写变成了按句子、句群听写。抄写句群训练和听写句群训练有异曲同工之妙,在抄写句群时不要急着动笔,要先看清句群内部结构、标点等,对句群进行分句,然后才开始抄写句群。进行完基础的抄写、听写句群训练后,还可以训练学生听写故事、听报告和做摘记。写故事、听报告、做摘记时,不是逐字逐句地听、记、写,而是按照句群听、记、写,这样的方法不但使句群训练更高效,还培养了学生的听、记、写能力,学生的语感也能逐步培养出来。

3. 句群的变换训练

语文教学并不能仅仅囿于书本知识,要善于将学生"打开"——开拓其思路,启发其适当联想。而句群训练则是促进学生"打开"的最有益方法之一。比如,可以把一个内部结构为前因后果的句群转变为前果后因,这样的处理使得强调原因的句群转而强调结果。又比如,可以把一个先分后总的句群转换为先总后分,以中心句的形式"总"进行突出。这类句群的变换训练能够启发学生在不改变原意的情况下用不同的方式对同一句群进行表达。长时间训练下来,学生的思路会被逐渐打开,其逻辑思维能力、写作能力等都将有显著的提升。

4. 整理句群练习

当前,在低年级作文中常常出现的一个问题是没有逻辑、语无伦次,错字百出等自不用说,条理混乱、层次不清等情况着实让老师和学生感到作文训练"道阻且长",要写出优秀的文章谈何容易?针对这样的状况,老师可以从句群训练着手,将一组内部拥有逻辑关系的句子打乱,要求学生对这些排列混乱的句子进行重新排列,使其成为一个完整的、具有正确逻辑的句群。如此,学生的逻辑思维能力得到显著提升,其语言表达能力和写作能力也有所提高。

5. 仿写、改写、扩写、续写句群练习

仿写、改写、扩写、续写句群等练习在对低年级学生进行作文训练时常用。在开始时，可以从单句群入手，接着进行句群综合练习。对于刚刚接触作文的低年级学生来说，这样的训练不可操之过急，可以"一课一段"，有重点地、有计划地进行句群练习。

6. 分析句群练习

在看到句群时，可以先选取重点段落从整体上对句群进行分析，从而对学生的分析、概括能力进行有针对性的训练。

7. 以句群训练为中心的口语训练

口语训练也是句群教学训练的方式之一，具有十分重要的作用。可以先从说句群开始，通过口头作文比赛、看图说话、演讲比赛等形式，培养学生的语言表达能力。在学生从逐句说清楚到逐段有逻辑、表达清楚的过程中，其自信心大幅提升，句群训练的效果也渐佳。

8. 结合命题作文进行训练

作文命题的传统类型中，有一种叫作命题作文，这类作文也可用作句群训练，效果十分显著。比如，可以将句群作为段层来编写作提纲，对句群进行口述训练等。

总的来说，句群的训练方式多种多样，其训练成果对学生的发展十分有益。教师在教学过程中要重视句群训练，不断探索新的、有效果的句群训练方法，助力学生的成长成才。

参考文献

[1] 王小穹. 汉语语法研究与国际教育传播 [M]. 武汉：武汉大学出版社, 2021.

[2] 李小军. 汉语语法化词库 [M]. 北京：中国社会科学出版社, 2021.

[3] 池昌海. 现代汉语语法修辞教程(第四版) [M]. 杭州：浙江大学出版社, 2021.

[4] 程树铭. 现代汉语语法研究 [M]. 西安：陕西师范大学出版总社, 2020.

[5] 王韦皓. 汉语语法理论与应用研究 [M]. 北京：中国原子能出版社, 2019.

[6] 王治敏. 汉语语法及应用研究 [M]. 北京：世界图书出版公司, 2019.

[7] 方梅. 汉语篇章语法研究 [M]. 北京：社会科学文献出版社, 2019.

[8] 刘月华, 潘文娱, 赵淑华. 实用现代汉语语法(第三版) [M]. 北京：商务印书馆, 2019.

[9] 杨成凯. 汉语语法理论研究 [M]. 北京：中华书局, 2018.

[10] 张国华. 现代汉语语法词汇研究 [M]. 北京：中国社会科学出版社, 2018.

[11] 吴春波. 现代汉语语法研究 [M]. 郑州：郑州大学出版社, 2018.

[12] 屈承熹. 汉语功能篇章语法 [M]. 北京：商务印书馆, 2018.

[13] 郝韶瑛. 现代汉语语法认知研究 [M]. 北京：北京工业大学出版社, 2017.

[14] 翁颖萍．现代汉语语法与修辞 [M]．太原：北岳文艺出版社，2017．

[15] 蔡小雄，孙惠华．汉语语法 [M]．杭州：浙江大学出版社，2017．

[16] 黄海波，李向群．现代汉语语法修辞教程 [M]．西安：西北工业大学出版社，2017．

[17] 力量．近代汉语语法研究 [M]．南京：南京大学出版社，2016．

[18] 王静丰．现代汉语语法理论研究 [M]．北京：原子能出版社，2016．

[19] 陆宗达，俞敏．现代汉语语法 [M]．北京：中华书局，2016．

[20] 马芝兰．现代汉语语法的综合研究 [M]．北京：中国书籍出版社，2016．

[21] 雷冬平，胡丽珍．汉语词汇化和语法化的多维探析 [M]．上海：学林出版社，2016．

[22] 刘钦荣．现代汉语语法分析理论与方法 [M]．北京：新华出版社，2016．

[23] 刁晏斌．当代汉语语法研究 [M]．北京：中国社会科学出版社，2016．

[24] 曹国安．现代汉语语法研究新讲 [M]．桂林：广西师范大学出版社，2015．

[25] 庞加光．认知语法视角下的汉语名词谓语研究 [M]．西安：西安交通大学出版社，2015．

[26] 张宝林．汉语语法的多层面考察 [M]．北京：北京语言大学出版社，2015．

[27] 吴福祥．近代汉语语法 [M]．北京：中国社会科学出版社，2015．

[28] 王力．汉语语法纲要 [M]．北京：中华书局，2015．

[29] 韩丽国．现代汉语语法基础 [M]．沈阳：白山出版社，2015．

[30] 赫琳．汉语语法及其应用研究 [M]．北京：中国社会科学出版社，2014．

[31] 沈敏．汉语语法探微 [M]．长沙：湖南科学技术出版社，2014．

[32] 袁庆德．应用现代汉语语法 [M]．长春：吉林大学出版社，2014．

[33] 王琼．汉语语法论 [M]．保定：河北大学出版社，2014．

[34] 李冬梅.现代汉语语法研究[M].长春:吉林大学出版社,2014.

[35] 孙瑞梅.现代汉语语法理论初探[M].哈尔滨:黑龙江科学技术出版社,2014.

[36] 杨春雷.面向深层语言处理的汉语短语结构语法[M].上海:上海交通大学出版社,2014.

[37] 力量,许彩云,晁瑞.现代汉语语法研究[M].南京:南京大学出版社,2013.

[38] 王占忠,王希胜.现代汉语语法常识[M].兰州:甘肃文化出版社,2013.

[39] 朱博.现代汉语语法修辞[M].哈尔滨:黑龙江人民出版社,2013.

[40] 解正明.汉语语法语义应用研究[M].广州:世界图书广东出版公司,2011.

[41] 刘小林.现代汉语语法研究[M].长春:吉林大学出版社,2011.

[42] 庄文中.句群[M].北京:人民教育出版社,1990.

[43] 吴为章.句群与表达[M].北京:中国物资出版社,1988.

[44] 颜刚.近十年国内现代汉语法研究:总结与反思[J].枣庄学院学报,2020,37(06):63-67.

[45] 陈振艳.新世纪现代汉语语法研究的发展态势[J].海外华文教育,2020,(05):66-76.

[46] 王艺锜.基于现代汉语语法发展维度的新阐释[J].长江丛刊,2020,(21):58+60.

[47] 孙妍.谈汉语短语、词和语素的边界问题[J].成都师范学院学报,2019,35(08):93-100.

[48] 刘叙彤.现代汉语词的特点及构词方式分析[J].课程教育研究,2018,(28):61.

[49] 安华林.现代汉语单句句型的划分[J].通化师范学院学报,2018,39(01):115-119.

[50] 韩丽国.现代汉语词的特点及构词方式研究[J].集宁师范学院学报,2017,39(01):78-81+85.

[51] 谢晖,贺祝琳.现代汉语词的兼类问题[J].首都医科大学学报(社科版),2009,(00):274-277+280.

[52] 王姝.关于汉语短语系统[J].佳木斯大学社会科学学报,2008,(04):41-43.

[53] 张新春.汉语短语的分类问题[J].和田师范专科学校学报,2008,(03):91-92.

[54] 杜刚秀.试论现代汉语单句与复句的界限[J].康定民族师范高等专科学校学报,2005,(03):86-89.

[55] 梅汉成.现代汉语句群研究概述[J].盐城师专学报(哲学社会科学版),1996,(03):35-37+61.

[56] 董崇礼.简析现代汉语句群[J].教学与管理,1990,(02):41-45.

[57] 崔正基.浅析现代汉语句群[J].固原师专学报(社会科学版),1988,(02):95-98.

[58] 黄章恺.现代汉语单句构造类型初探[J].宁夏大学学报(社会科学版),1983,(04):47-54.

[59] 李恩隆.现代汉语单句结构格式初探[J].抚州师专学刊,1982,(02):50-55.

[60] 叶竹君.现代汉语单复句划分纠葛现象研究[D].四川师范大学,2018.

[61] 冯莉.现代汉语复句语义及预设研究[D].广西师范学院,2018.

[62] 宋梦晨.现代汉语词素组研究[D].山东大学,2017.

[63] 王秀廷.现代汉语跨类复句研究[D].陕西理工大学,2017.

[64] 夏晨晓.现代汉语复句表主观量考察[D].河北大学,2016.

[65] 秦川.现代汉语复句的意象图式构建[D].四川师范大学,2016.

[66] 韩明珠.现代汉语目的复句的类型及其偏误研究[D].上海师范大学,2013.

[67] 李伟萍.现代汉语因果关系单句研究[D].辽宁大学,2012.